Théo d'Or

PARIS

(Mon Journal)

ALAIS

Imprimerie C. Castagnier

—

1899

PARIS

(Mon Journal)

Théo d'Or

PARIS

(Mon Journal)

ALAIS
IMPRIMERIE C. CASTAGNIER
—
1899

ERRATA

Page 63. — *méloppée*, pour *mélopée*.

Page 100. — *qu'on en abuse point*, pour *qu'on n'en abuse point*.

Page 114. — *côgne*, pour *cogne*.

Page 117. — *je me suis laissé à faire*, pour *je me suis laissé aller à faire*.

Page 117. — *patronnage*, pour *patronage*.

Page 132. — *Gambetta*, pour *Grévy*.

Page 138. — *rivaliser sur le dernier*, pour *rivaliser avec le dernier*.

A mes Amis,

.....*Sur la route d'Alais à Tamaris, après avoir franchi le passage à niveau de Clavière, à gauche, est sise une boutique. Je me rappelle y avoir lu cette enseigne :* « Dans ce magasin on vend un peu de tout. »

Si je devais pendre une cédule autour de cette modeste propriété littéraire, j'y tracerais ces mots : « Dans ce livre il y a un peu de tout. »

Mes distingués lecteurs ne m'en voudront, certes, pas, que ce dédié à des catégories si diverses d'amis, « gens de robe et d'épée, favorisés des lettres et des muses, voués au négoce et à la vie contemplative », *puisse parler de tout et aborder tous les sujets. D'ailleurs, c'est un* « journal » *que je leur livre, et Dieu sait les faits divers que relate une feuille de ce nom appelée !...*

II

Je souhaite donc à mes lignes point trop méchantes critiques. Ce sont des notes glanées çà et là, qu'elles reçoivent bon accueil; ce sont des silhouettes esquissées avec une plume, débile comme celle d'un débutant, qu'on leur fasse risette; ce sont des réflexions, opinions personnelles, qu'on ne décourage pas sitôt celui qui voudrait déjà penser comme quelqu'un qui pense.

Et maintenant, allez, enfants de ma pensée et de mon cœur, bon voyage!...

T. D'O.

Paris, ce 21 Juin 1899.

Mon Journal

26 Février, Dimanche.

C'est jeudi que je suis arrivé à Paris. Un bourdon pleurait au loin, celui de Notre-Dame. On enterrait M. Félix Faure, président de la République française, le sixième...

Et j'ai vu, comme ce régent de l'empire d'Arman dont parle Claretie : « La Capitale de la France, bâtie sur les bords de la Seine... » comme Nguyen-Trong-Hiep, j'ai dit : « c'est la plus belle ville de l'Europe », sans connaître les autres. Et je suis presque tenté d'écrire comme lui : « ... des « palais et des hôtels reposent leurs superbes « toitures dans la voûte azurée..... comme un « ruban d'argent, un fleuve aux eaux lustrées « coule à travers la ville; toutes les nuits des « milliers de lumières brillent entre les vingt- « quatre ponts..... »

Ma première visite a été pour Notre-Dame. Le P. Etourneau prêchait.

Longeant la rue de Vaugirard, je passai devant le Sénat, tournai au coin de l'Odéon et arrivai enfin, après avoir passé la Seine, sur les parvis de l'Eglise-Mère de Paris.

Sa façade est remarquable. Elle a, dit-on, servi de modèle pour beaucoup d'églises de France. Bourges, certainement, lui doit la sienne.

J'entrais. Le P. Etourneau était en chaire. Une nombreuse assistance attendait. Voulant juger des effets oratoires, je brûlais la politesse et m'avançais, tout comme un parisien, jusques auprès du vieux cardinal. Il présidait selon la coutume... Drapé dans son rouge manteau, les épaules perdues sous son camail d'hermine, il a l'air tout cassé. La neige des hivers s'est amassée sur sa tête et le nimbe d'une blanche auréole.

Mais le P. Etourneau commence. Il approche de la cinquantaine. Ses cheveux grisonnent. Il les a tous. L'éloquence ne l'a point maigri.

La voix paraît faible pour un corps si robuste. Le geste est sobre. C'est la main droite qui en fait les frais. L'autre, parfois, l'embarrasse. Il expose le plus souvent, il se lance rarement, quand il le fait, il réussit et il empoigne.

J'ai entendu la deuxième conférence de ce carême 1899. A la fin, le Cardinal a donné sa bénédiction. Tous se sont inclinés respectueusement.

A l'issue de la cérémonie, j'ai couru rue de

Turenne, de l'autre côté de la Seine. J'allais à Saint-Denis du Saint-Sacrement pour entendre le P. Léon, capucin, prédicateur très couru à Paris.

Le P. Léon porte avec une grande piété le costume de son fondateur et père, Saint-François. Son visage disparaît à moitié dans une barbe noire, point très longue. Le regard est vif. Il a quelque chose d'austère et de doux. Bref, le religieux, pour avoir des costumes le plus sévère et le moins propre à l'éloquence, a du talent.

D'abord, c'est un beau diseur. Il nous a développé ce texte : « Qui trouvera la femme forte? » La femme forte, c'était la Sainte Vierge, l'Eglise, l'âme chrétienne... De belles envolées en parlant de l'Eglise.

C'est un orateur qui phrase un peu, je n'ose pas dire au détriment de la sainte théologie. On le suit avec intérêt. On le lit de même, car le P. Léon se fait imprimer sur papier velin. Ses *Vendredis de N.-D.* sont dans toutes les mains du Sexe-Beau.

J'ai fait connaissance avec le P. Gaudeau. C'est le Professeur de dogme à l'Institut. Il y donne, tous les vendredis, une conférence sur la Religion à l'usage des personnes du monde. Quelques dames éparses, des étudiants, assez d'ecclésiastiques : c'est son auditoire.

Versé dans les lettres, la philosophie, la patrologie, toutes les sciences de l'Eglise, enfin, le P. Gaudeau sait beaucoup et veut qu'on le sache. Il dirait même très bien, à part une petite toux sèche. Oh ! la méchante petite toux !... N'importe, on est content du P. Gaudeau, comme le P. Gaudeau est content de lui...

Après déjeuner, j'accompagnai deux charmants confrères dans les jardins du Luxembourg.

Un peloton de statues de bronze, en costume d'Adam et d'Eve, avant le péché, en garde l'entrée du côté de la rue de Vaugirard. Beaucoup

de nounous s'y donnent rendez-vous avec leurs
bébés. Curieuses à entendre les recommanda-
tions des jeunes mamans à leurs poupées... Les
bambins courent après leur cerceau. Les cris et
les rires partent en joyeux éclats.

Plus loin, des promeneurs silencieux...

Ici des rêveurs qui, distraits un moment,
jettent aux petits hôtes du Luxembourg — les
moineaux — la béquée attendue. Les plus téméraires viennent la saisir au bout des doigts. Ils
sont beaucoup...

Enfin, là-bas, le collège Bossuet qui prend ses
ébats...

Le Panthéon n'était pas loin, je proposai une
visite. Nous y fûmes. Impossible d'entrer. C'était
lundi. A Paris, tous les monuments sont fermés
ce jour-là... Nous nous consolâmes dans l'Eglise
de Saint-Etienne-du-Mont qui s'élève derrière le
Panthéon.

Magnifique le jubé... Le Samson, qui un genou
sur le lion terrassé, avec la mâchoire que l'on
sait, supporte sur ses larges épaules l'immense
chaire décorée de statuettes, est vivant. C'est une
œuvre d'art... Remarquable aussi la châsse d'or
qui renferme les restes de Sainte Geneviève. Les
parisiens vont encore lui demander des miracles.

En rentrant à l'Institut, j'assistais au cours de
M. Filion. C'est un sulpicien, auteur de plusieurs

commentaires très estimés sur l'Ecriture Sainte.

De taille moyenne, les joues d'un rouge vif — le sang lui monte facilement à la tête, il s'arrête parfois pour le dire à ses élèves — le regard intelligent, d'un abord facile, M. Filion ne fait point mentir ceux qui lui octroyent une réputation de savant. Il est exquis. Voilà qui fait honneur à Saint-Sulpice...

A sept heures, Mgr Born, évêque de Londres (Sud), de passage à Paris et l'hôte de M. Guibert, le distingué supérieur des Carmes, a fait une conférence des plus intéressantes.

Dans un langage le plus français de France, avec même une très grande facilité, le jeune évêque — il a à peine trente ans — nous a entretenus de l'Eglise anglicane et nous a parlé des progrès de la religion catholique... Il n'en constata point de très grands. Il termina en nous suppliant de prier pour les Anglais qui sont nos frères en J.-C. Ce que nous lui avons promis de bon cœur... malgré l'affaire de Faschoda.

Encore un jésuite : le P. Auriault.

Le P. Auriault est avenant et bon garçon, ce qui ne lui enlève rien de son esprit qu'il sait montrer à propos, surtout dans ses explications.

Le P. Auriault parle le latin avec une extraordinaire facilité. Cette langue lui est familière, ne croyez pas que ce soit au détriment du français. Il prêche, cette année, les vendredis à N.-D. Je viens de lire une de ses conférences, en attendant d'aller l'entendre. Elle est tout simplement délicieuse.

Ses cours de dogme à l'Institut sont aussi pleins d'intérêt. Je lui reprocherais d'en savoir trop... Son traité de « *Verbo Incarnato* » me vaudra un supplément de bagage en juillet.

A une heure, j'ai passé mes loisirs réglementaires dans les salles du Musée du Luxembourg.

On y trouve de belles sculptures. La plupart sont de marbre. Tarcisius râlant sur le pavé, en serrant sur sa poitrine l'Hostie-Sainte qu'on voulait lui ravir, est un chef-d'œuvre.

Mais ce qu'il y a surtout dans ce Musée, ce sont des nudités. Et les peintures le disputent en cela aux sculptures...

Immédiatement après le cours du soir, j'ai joué une fugue. Elle n'était point de Bach. Le P. Coubé, la coqueluche de la saison, prêchait. C'en était assez pour me donner des ailes. Mais combien loin ce Saint-Pierre-de-Chaillot, l'heureux témoin de la dive éloquence!

En entrant, vite j'ai placé une chaise auprès d'une jeune et noble personne, noyée dans ses fourrures. — Il y en avait beaucoup de fourrures!... Ensuite, comme je l'ai pu, de derrière mon pilier — car j'avais un pilier pour voisin de face — j'ai dirigé la lumière de mes quinquets vers la chaire. Un petit homme, à la Jésuite — c'en était un — venait d'y monter. Un surplis à larges manches, surmonté d'une petite tête ronde comme la terre, mais pas aussi grosse que la terre. Puis, deux petites mains. Oh! les petites mains!... Elles se heurtaient souvent les coquines! Elles faisaient du bruit et on les regardait! Le petit Père parlait. Une voix grelette sifflait, zébrait! Elle était jolie tout de même. Et l'on écoutait...

« Il faut se défier des créatures, disait la voix, des créatures qui nous empêchent souvent d'aller à Dieu... Il y a d'abord les créatures mauvaises, il faut s'en garder! il y a ensuite les créatures dangereuses, il faut les fuir, comme l'occasion du péché. Enfin, il y a les créatures bonnes... »

Et de développer ces idées. Pour mieux les faire entendre, le petit Père se penchait sur le bord de la chaire — le P. Monsabré le faisait — il voulait dire quelque chose à quelqu'un.

On dit à Paris, surtout en province, que le P. Coubé fait merveille. « La Libre Parole » lui a consacré un article ou deux au sujet de ses fameuses conférences, à la Madeleine, sur la religion juive. C'est, je crois, ce qui lui a fait de la réclame.

Le P. Coubé n'est pas orateur. Il lui manque le *pectus quod disertos facit*. Il ne sent rien.

On pourrait, je crois, lui rappeler le conseil d'Hamlet à son comédien : « Ne soyez pas non plus trop froid, mais que votre intelligence vous serve de guide : proportionnez l'action au discours et le discours à l'action... »

Les gestes sont de son professeur M. Harmand-Dammien, c'est-à-dire trop étudiés pour être naturels.

Le P. Lacordaire animait toutes ses scènes. Il faisait passer son âme dans l'action. « Il faut être fou, me disait un homme intelligent, il faut être fou pour être éloquent. » Le P. Coubé ne l'est pas encore. D'ailleurs, il ne veut pas l'être. Et il a raison...

Je quittai Saint-Pierre-de-Chaillot un peu déçu. J'emportai de l'organiste un meilleur souvenir. J'avais été agréablement remué par ses harmonies... Saint-Pierre-de-Chaillot est une paroisse aristocratique. Le Bon Dieu n'y serait pas né dans une étable.

J'arrivai juste, aux Carmes, pour entendre l'abbé Garnier.

Le Directeur du « Peuple Français » a parlé comme il fait toujours, c'est-à-dire beaucoup. Son « Union-Nationale » a fait les frais de son entretien. Remettre l'Evangile à sa place, le rendre à la famille et à la Société : c'est son œuvre. Le souverain Pontife l'aurait encouragé. Tant mieux...

J'avais vu, pour la première fois, l'abbé Garnier à Vichy. Il nous donna, chez les Frères, une conférence qui réunit, je m'en souviens, bon nombre de prêtres, en saison joyeuse, comme moi, ou en traitement, comme les malades.

Expurger, dans l'enseignement secondaire, les auteurs païens, les remplacer au besoin par les Pères de l'Eglise : c'est ce qu'il voulait alors. Je me rappelle qu'un Jésuite, par une objection très judicieuse, l'embarrassa étrangement.

L'abbé Garnier a du talent, une grande conviction et un désir ardent de réaliser ce mot de Veuillot : « Dieu a donné le prêtre au monde, pour qu'à son tour le prêtre donne le monde à Dieu!... » Je ne dis pas qu'il y arrive à lui tout seul, mais il aura bien mérité et de Dieu et des hommes!...

On jouait *l'Oratorio* de don Lorenzo Pérosi, au Cirque d'été : « La Résurrection du Christ. » J'y suis allé.

Bien avant l'heure de l'audition musicale, le Beau-Paris se pressait dans les loges, aux fauteuils d'orchestre, sur les promenoirs et dans les galeries. C'était la deuxième fois qu'on exécutait l'œuvre de l'abbé Pérosi.

L'auteur devait diriger lui-même son Oratorio : 250 exécutants.

« Au lieu de l'Abbé de cour, écrit Alfred Bruneau, du mondain, de l'« amateur » que je craignais, je vis un petit homme simple et doux, dont les allures, conservant quelque chose de provincial, de campagnard — au beau sens du mot — me charmèrent et m'attirèrent... »

Petit. le visage allongé, les traits forts, le front découvert, les cheveux courts, tel était le compositeur qu'avait acclamé l'Italie et qu'elle comparait déjà à Mozart.

Si l'on a dit de M. Loubet, au Congrès de Versailles, qu'il n'était pas « décoratif », on pouvait le redire de ce jeune ecclésiastique, à « l'air un peu simplet dans sa soutane courte », ainsi que l'a justement remarqué « l'Ouvreuse » en l'*Echo de Paris*.

Mais les violons gémissent... On commence. Je sens les derniers instants du Christ. Sur le programme que j'achète, je lis : « Première partie : de la mort du Sauveur au Saint-Sépulcre. »

J'entends l'historien qui glapit : « *Jesus, clamans voce magna, emisit spiritum...* » Puis le tremblement de terre. L'effet fut relatif.

Bientôt le chœur des saintes femmes au tombeau attira mon attention. J'étais enlevé au duo des deux Marie au Sépulcre.

La deuxième partie : « La Résurrection » fut plus captivante. Les bravos nourris et cent fois répétés le dirent assez au jeune maëstro — il a vingt-six ans — à « l'onduleux » abbé Pérosi, pour parler le langage de « l'Ouvreuse. » C'est que parfois — surtout dans le bruyant — notre chef d'orchestre se croyait seul. La tête, les bras, le corps, les jambes, tout se trouvait dans le rythme. Si quelqu'un était enlevé à ce moment, c'était lui.

Dans le *cucurrit ergo Maria Magdalene* une harmonie des plus imitatives. Imposant l'*Alleluia* grégorien qui éclate tout-à-coup comme une fanfare à la Don Pothier! Touchante la rencontre de Jésus et de Madeleine. Trop d'orchestre après le *Maria* du Sauveur qui se fait reconnaître. Trop théâtral le cri de Marie : *Rabboni*. Pas assez plainchanisé le *victimæ paschali laudes*. Brillant le dernier chœur.

En résumé, œuvre inégale, mais curieuse. Bach, Hœndel, Carissimi, Schubert, Rossini, Gounod même, s'y sont donnés rendez-vous, un peu étonnés cependant de la rencontre. « C'est une bonne compositon d'un élève bien doué », a dit Widor. Du talent donc incontestablement.

Telle est cette œuvre qui a révolutionné d'enthousiasme Rome, Venise et Milan en particulier. Sans doute on ne lui a pas fait à Paris le même accueil, mais le Directeur, déjà fameux, de la chapelle Sixtine a lieu d'être satisfait. On l'a littéralement acclamé à la fin de l'interprétation, au point que je me serais cru un instant dans les arènes de Nimes, un jour de mise à mort. Encore un peu, j'allais crier : l'oreille !...

Un cinquième Oratorio est sur le métier. Aux quatre déjà parus : « La Passion, la Transfiguration, la Résurrection de Lazare, la Résurrection du Christ, » l'abbé Pérosi en ajoutera six autres. Nous lui souhaitons bonne chance, quitte à rendre jaloux le dramatique Wagner et Franck le symphonique...

Un jeune blond, très agréable, m'invita à l'accompagner. Il allait à l'Observatoire. J'acceptais et nous voilà partis.

Nous passâmes par le jardin du Luxembourg. La gent turbulente s'y trouvait déjà. Nous prîmes l'avenue de l'Observatoire et arrivâmes devant les grilles... fermées. On nous fit remarquer que nous avions devancé l'heure réglementaire.

Le Val-de-Grâce étant tout près, nous y fûmes.

Chemin durant, on me montra l'Hôpital des enfants assistés. Et, par une association d'idées que l'on devine, je vis aussitôt Jean-Jacques portant, sous le même manteau, les enfants de ses criminelles amours à l'assistance publique et les manuscrits aux clandestines imprimeries. C'était le toit qui avait abrité sa misérable progéniture.

Le Val-de-Grâce est un ancien couvent de Bénédictines, fondé par Anne d'Autriche, à la suite d'un vœu qu'elle avait fait pour obtenir du ciel un enfant. Ce qui explique l'inscription : *Jesu nascenti Matre Virgineque Maria,* qu'on lit sur le fronton.

Nous n'avons vu que l'Église — on ne peut pénétrer dans l'Hôpital. — Son dôme élégant est, paraît-il, une réduction de celui de Saint-Pierre à Rome. La coupole est décorée d'une fresque de Mignard : *La gloire des Bienheureux*. Je souhaite aux élus d'en avoir une plus durable, car celle de Mignard est bien défraîchie...

Deux heures sonnaient quand nous entrions à l'Observatoire.

Nous montâmes au Musée astronomique où se trouvaient, en miniature, les principaux instruments. Je ne les décrirai pas, j'ai peur des hérésies... et de mon vieux professeur de sciences qui enseigne toujours, avec la même autorité, là-bas, sur les bords du Rhône.

Je ne mentionnerai qu'une immense machine de neuf mille kilos, qu'abrite une maison roulante et qui se meut — oh! science! science! — comme une aiguille de montre!...

Enfin, restait à voir l'appareil photographique de la cour sidérale. Nous sommes allés chez le photographe. Il habitait un troisième ou un quatrième, peut-être même un cinquième étage. Je ne sais plus bien, il n'y avait que celui-là dans la maison. Nous l'avons trouvé en compagnie de

son instrument. Le savant avait dû se brouiller
avec dame Nature. Il était bègue. Je l'ai inter-
rompu — qu'il me pardonne ! — au plus bel
endroit de sa description, par un rire qui ne me
quitta qu'à la porte. Et encore !... Sa barbe à
queue de comète, ses yeux d'aurore boréale, ses
cheveux à la Grande-Ourse et ses mots qui sortaient aussi péniblement que la lune de la pénom-
bre, un soir d'éclipse, tout me dilatait. On sait
qu'il m'en faut peu. Cela m'excusera peut-être...

Dès midi et demi, j'étais en route pour N.-D. Devant le Luxembourg, quelques flocons de neige — sans doute égarés — papillonnèrent.

Comme le dimanche précédent, quand j'entrai, le P. Etourneau était en chaire. Le temps de dire un *Ave* et il commença sa troisième conférence. Même public. Un petit groupe de dames — ses fidèles — sur la gauche. En face le Prédicateur, derrière le Cardinal, les favorisés qui paient leur chaise un franc. Enfin, dans la nef du milieu, les pauvres à quinze centimes. J'en étais.

La voix du conférencier m'a paru plus forte, mieux timbrée, un peu monotone. Une fin de phrase qui n'avait rien d'académique arrivait toujours en chantonnant. Quant à la main gauche, toujours en repos. Elle doit probablement travailler la semaine. En tous cas, elle est fidèle au repos dominical. Point d'envolées. Une simple dissertation. Sujet néanmoins très beau. bien senti, traité supérieurement.

Une porte nous a fait de la musique toute la conférence durant. Et cette harmonie n'était pas celle des concerts Lamoureux...

A mes côtés, un Monsieur que j'ai pris pour un sémite au profil de son visage et à la marque de fabrique qu'on leur connaît : le nez !... Malgré moi, je récitais les vers de Cyrano :

> « ..... Aimez-vous à ce point les oiseaux,
> Que paternellement vous vous préoccupâtes
> De tendre ce perchoir à leurs petites pattes?... »

Les réflexions du Conférencier n'étaient point — combien souvent!... — du goût de ce judéo-auditeur. Il le disait, du moins, à ses voisins avec... son nez.

Après l'éloquence, la musique. On jouait *la Rédemption*, de César Franck. C'est l'orchestre Colonne et sa société chorale qui se chargeaient de l'harmonieuse besogne. Je ne pouvais résister, je ne résistais pas.

Avant l'œuvre du grand maître : *Médée*, d'après la tragédie de Catulle Mendès. Un concerto de violon très applaudi par un éphèbe bien connu des dilettanti parisiens : M. Jacques Thibaud. Enfin, des préludes sur des chorals de Bach, transcrits, pour piano, par Busoni. Expert le virtuose.

La Rédemption fit l'objet de la deuxième partie.

Si j'ai dit que l'orchestre de Pérosi était faible

dans *la Résurrection*, on ne pourrait en dire autant de celui de Franck.

La première moitié de l'œuvre est consacrée aux temps anciens. Les hommes chantent l'objet de leurs passions brutales... Mais dans l'azur les Anges entonnent leurs mélodies. Et les hommes de leur demander : « Où mènent vos chemins? » — Vers le maître. C'est l'heure!... La terre tressaille, la crèche est devenue le berceau du monde!...

Le poème est d'Edouard Blau. Son caractère mystique convenait très bien au génie de César Franck qui en a fait un véritable chef-d'œuvre. La symphonie qui relie la première moitié à la seconde est admirable.

Le poème continue : Les hommes inquiets cherchent à nouveau leur route... Mais la terre est sombre... Ils s'effrayent... Les anges pleurent... La cause? Les malheureux qui ont quitté la voie de Dieu. Enfin, l'Archange annonce que le Christ a pardonné...

Je préfère la musique au poème, même au poème débité par Mlle Renée du Minil de la Comédie Française. On ne l'a applaudie qu'à la fin, tant, disait « l'Ouvreuse », elle y avait mis de négligence.

En somme, belle matinée, orchestre et chœur près de trois cents exécutants. Dirigés par M. Colonne on pouvait s'attendre au succès. Il y en eut.

On suspendit le cours de théologie à cause de
la Fête de Saint Thomas que l'on célébrait le
lendemain. J'en profitai pour faire un pèlerinage
à l'Eglise du Sacré-Cœur, Montmartre.

En impériale d'omnibus, je descendis la rue
des Saints-Pères, traversai la place du Carrousel,
montai l'avenue de l'Opéra. En passant, je saluai
ce superbe monument — l'Opéra — l'abri des
Muses, vrai Parnasse de l'Art !

Avant d'arriver à Montmartre, un champ de
morts me donna quelques-unes de ces pensées
« gris-brun » qui effrayaient Mme de Sévigné. Je
ne pus m'empêcher de songer qu'à la fin des fins
c'était là que tout finissait, et de dire avec ce
vieux penseur : « Quel drame que cette humaine
« vie !... Quel acte que le dernier !... Un peu de
« terre sur la tête et en voilà assez !... »

Enfin, je grimpai vers la Basilique.

Montmartre, de ce nom appelé, parce que, disent les uns, Saint Denis y aurait eu, à cet endroit, la tête tranchée avec ses compagnons : « *Mons Martyrum* » ; parce que, disent les autres, s'élevait autrefois sur la butte un temple à Mars dédié : « *Mons Martis* ».

Je me rappelais l'insurrection communarde qui éclata sur ces hauteurs en 1871... et je saluai l'apparition de l'église.

Elle est de style roman-byzantin, disent les Guides. Je l'aurais voulue, moi, d'un style moins lourd. « Ne vous en faites pas une trop haute idée, me dit quelqu'un en partant, vous pourriez être déçu. » Il avait raison. Rien de merveilleux. Pour vingt-cinq millions, déjà dépensés, on pouvait s'attendre à mieux.

C'est une construction monumentale qui a dû coûter pas mal d'efforts. Je me suis laissé dire qu'il avait fallu creuser dru et longtemps dans le sable. Ce qui m'a fait penser à cette ligne de Saint-Georges-de-Commiers à La Mure. Et, à ce sujet, je ne puis ne pas me souvenir d'une compagnie aimable entre toutes.

..... Nous allions. Au dehors, une vallée où serpentait une gente rivière, bleue comme l'azur qui s'y mirait. Des collines couvertes d'un manteau où le vert dominait. Çà et là, des toits émergeant des nids de verdure. Nous allions sur des ponts, tantôt jetés sur d'insondables précipices, tantôt accrochés aux flancs des roches à pic. Et nous courions dans la claire lumière d'un soleil d'été, pour ralentir ensuite notre marche dans le noir des tunnels!... Heures charmantes!... Je me rappelle tout, jusques aux trilles des rossignols.

Mais la nature, toute belle qu'elle me paraissait dans son pittoresque et captivant décor, ne pouvait me distraire de mes agréables voisins qui allaient, comme moi, bercés du même rythme. Leurs guilleris les avaient désignés à mon attention. C'étaient deux jeunes personnes et une plus âgée qu'un ecclésiastique, à l'air grave, accompagnait.

Leurs rires s'égrenaient par la portière, au-dessus des ravins, comme les notes d'une tinteuse d'Angelus... On vint à parler de Pierre Loti, Victor Hugo... J'allai bientôt de la mienne.

Le prêtre s'appelait Philippe. Il trouvait son nom un peu béat. J'avoue qu'avant de le connaître, ce nom m'était peu familier et sonnait quelque chose de tel à mes oreilles. Mais grâce à celui qui le portait ce jour-là, je me suis réconcilié tout à fait avec lui. C'est depuis qu'il évoque, pour moi, une physionomie intelligente. J'aime à l'entendre, parce que j'ai bon nombre de raisons de me rappeler cet abbé Philippe dont la distinction répondait à l'esprit...

Quant à tante Lucienne — ce nom de Lucienne m'apporte à la mémoire le souvenir d'un excellent aumônier de Cette, qui, avec mon spirituel

abbé Philippe, avait plus d'un trait de ressem-
blance. — Quant à tante Lucienne, dis-je... mais
j'ai oublié de vous présenter tante Lucienne.
Les yeux bleus — c'est ce que j'ai vu tout d'abord
— puis, le reste du visage coulé dans le moule
dont s'est servi le Créateur pour faire sa première image. Moins jeune que ses deux nièces
Christiane et Denise, elle n'avait rien perdu de
ses primes années et parlait avec la même facilité
des sujets les plus littéraires...

Christiane et Denise, elles, je les avais prises
pour deux institutrices — ou plutôt pour deux
professeurs. Je préfère cette appellation, elle
répond mieux à la finesse de leur esprit et à
la qualité de leur érudition. — Il n'en était rien.
Ces deux jeunes personnes avaient fait de sé-
rieuses études et, après avoir semé le petit champ
de leur intelligence, moissonnaient, voilà tout.

Christiane avait un jugement très droit et déjà
passablement exercé. Je me souviens encore de
la justesse avec laquelle elle émettait ses opinions
sur nos grands écrivains. Elle avait lu beaucoup...
L'esprit de Denise était en fusées. Le midi dans
ses charmes. Tout jaillissait : idées neuves, sail-
lies nouvelles, réflexions heureuses !

Bref, je ne me suis pas ennuyé un brin... Mais
il est temps, je crois, de revenir au Sacré-Cœur.

L'intérieur de la Basilique est nu. On y travaille toujours un peu. Les ressources manquent.

Une chose m'a frappé en sortant : la vue que
l'on a sur Paris. Comme je possédais assez mon
plan, j'ai pu mettre un nom sur les flèches, les
tours, les dômes et les monuments... Ce que l'on
voyait surtout, c'était la tourEiffel, « cette bêtise,
haute de trois cents mètres », comme dit Coppée.
C'est de Montmartre qu'on lui donne son éléva-
tion vraie. De près, elle trompe. Les proportions sont bien gardées, tout comme N.-D. du
Puy, dont il m'a fallu faire l'ascension pour me
rendre compte de sa hauteur.

Comme vous le pensez, je suis allé dire bonjour à la « Savoyarde. » Elle m'a reçu... en
silence. Et ce silence faisait peur. Si vous l'aviez
vue, comme moi, avec ses trois mètres !... J'aurais voulu entendre son « contre ut », mais
elle ne chantait pas !.., Elle s'appelle « La Paix ! »
La Paix !... Ce que je lui ai dit de la sonner !...
Espérons qu'elle répondra à l'aspiration commune !...

Je ne vous dirai pas ce qu'elle pèse, il faudrait
trop de chiffres. Et puis celle de Moscou nous
crierait de son kremlin que c'est elle la plus
grosse, que c'est elle la plus lourde !... Et c'est
vrai. Or, il ne faut pas que l'on sache qu'il y ait
quelque chose de supérieur à la France. Je suis
chauvin...

C'est la Fête de Saint Thomas : un jour de congé pour les théologiens.

A neuf heures, l'abbé Bolo prêchait à Saint-Germain-des-Prés. Je le connaissais... par le P. Burnichon. Je suis allé l'entendre.

Saint-Germain-des-Prés est une église des plus anciennes de Paris. Autrefois elle dépendait d'une abbaye : celle de Saint-Germain. Elle remonte au XIe siècle.

Elle possède, à l'intérieur, de riches peintures murales dues au pinceau de Flandrin. Ses concitoyens reconnaissants lui ont élevé un buste dans l'Eglise même, à gauche, en entrant.

Le Pré-aux-Clercs, si connu au moyen-âge, était situé dans un bouquet de gazon, au sein de riantes prairies qui entouraient l'abbaye...

Mais trève aux réflexions, voici l'abbé Bolo. Il monte les degrés de la chaire comme quelqu'un qui s'y connait.

Un front large, des yeux de myope qui clignent derrière les verres d'un binocle, le visage épanoui, souriant comme sa littérature de « *Pleine de Grâces* », sur les épaules un camail bordé d'hermine, *tâchée de roux*, une croix pectorale à une chaîne brillante comme l'or : c'est lui.

J'assiste à une conversation. La voix n'est ni voilée, ni limpide. On le comprend quand il n'ànonne pas. Car l'abbé Bolo — qui me l'eût dit — a dépassé ce matin la permission d'ànonner. L'instruction — si c'en était une — n'avait ni « l'air » d'être bien préparée ni la « chanson » d'être bien apprise. Je sais que l'abbé Bolo peut faire mieux, seulement je n'ai pas réussi.... ni lui non plus. Une avalanche de « qui » et de « que » a rendu les phrases peu littéraires Dieu sait cependant si l'abbé Bolo est littérateur!... Demandez-le au P. Burnichon.

« Le Prédicateur de la station — écrivait naguère M. le Curé de Saint-Germain-des-Prés, en « parlant de l'abbé Bolo — *connu par sa littéra-* « *ture religieuse* — le mot est joli — donnera « mercredi... etc. » Vous voyez bien qu'il est littérateur. Après le P. Burnichon, c'est M. de la Guibourgère qui l'assure. Mais voici le sujet :

« Le corps, Mesdames, doit souffrir. Il doit « souffrir d'abord à cause de sa vanité, ensuite « parce qu'il est l'ennemi de l'âme, enfin parce « qu'il est l'adversaire irréconciliable de Dieu.

Aux détails : « Le corps doit souffrir... et le

« corps se pavane ! *(sic)* Et le corps demande à
« la nature ses fleurs !... il demande — que dis-
« je ! — il exige des oiseaux le plumage !... Mais
« ce front qui, jeune et frais comme le printemps,
« appelle les baisers — c'est tout-à-fait « *Pleine*
« *de Grâces* » — comme le nid de l'hirondelle
« appelle les oiseaux... »

Assez. Il m'en voudrait s'il me lisait. C'est égal,
le P. Burnichon aurait été content. — Il est si
méchant le P. Burnichon !...

L'orateur — empoigné par moments — a dit
maintes fois qu'il exposerait brièvement. Je m'en
suis allé après le troisième quart d'heure, laissant l'abbé Bolo à son auditoire... de plumes.

Il me pardonnera, je me proposais de revenir.

A deux heures, en l'honneur de Saint Thomas,
dans le grand salon rouge des Carmes, grande
séance *philosophico-jure canonico-théologique.*

Mgr Touchet, évêque d'Orléans, présidait.
Mgr Péchenard, recteur, était à sa droite. Mgr Graf-
fin, proto et professeur de syriaque, continuait
la théorie horizontale de droite qui se terminait
au corps professoral. A gauche, parmi les silhouettes sympathiques, M. Guibert, supérieur
de l'école ecclésiastique, M. Boudinhon... Quelque part, je ne sais où, le P. Gaudeau...

Un compliment tourné comme celui d'un
recteur — c'était Mgr Péchenard qui parlait —
ouvrit les sacrés débats.

Mᵍʳ Péchenard a autant de modestie que de mérite. Il est docteur ès-lettres, sait faire valoir ses qualités, mais le plus discrètement possible. On l'approche volontiers...

Il a rappelé les « origines » de la Théologie, du Droit Canon et de la Philosophie à l'Institut catholique. Il nous a dit qu'il avait coutume de l'apprendre aux Evêques de passage qui voulaient accepter la présidence d'une séance analogue. C'était donc, pour certains, une allocution revue et corrigée. Pour moi, elle eut du charme...

C'est sur « l'*Union Hypostatique* » que se déroula la première thèse. Pendant deux longues heures on se battit à coups... d'arguments. Et le combat cessa faute de combattants...

Le Droit Canon avec son « Développement des Collections canoniques » eut l'honneur des applaudissements ultimes.

Mᵍʳ Touchet, à son tour, prit la parole. Il nous tint suspendus à ses lèvres... par les oreilles. A propos de l'argumentation, il glissa bien quelque fine ironie mais si doucement !... Les bravos — discrets aussi — ne lui dirent pas moins que l'on avait compris...

9 Mars, Jeudi.

La matinée pluvieuse et triste a vu mourir le Nonce, Mgr Clari, ambassadeur du Vatican près la République Française.

Pendant ce temps les patronnesses des « Marchés parisiens » s'essayaient — malgré la pluie — à la cavalcade projetée. C'est aujourd'hui la Mi-Carême.

La Reine des Reines, d'un air maussade, se mirait en son costume empire.

J'attendis deux heures, la tête et les pieds dans l'eau, sur la place de la Concorde, noire de curieux intrépides. Une cavalcade à Paris, pensez-donc pour un provincial!...

Vite que je vous dise ce qu'elle fut : uniquement affreuse.

Les grenadiers de la Garde étaient à ce point équipés qu'un petit parisien, gentil tout plein, cria près de moi sur leur passage : « Maman, les charcutiers!... »

La Reine des Reines pouvait cependant s'en

3.

tirer avec ce précieux apanage qu'on nomme : « la Beauté!... » Mais voilà : le cadre était plus joli que le tableau. Ah! ce bon gentilhomme d'Octave Houdaille qui lui lut ces vers à « La Libre Parole » :

. . . .
Reine, salut! A vous notre âme se rallie,
Puisque sur les lointains de ce monde attristé
On peut donner un jour d'Empire à la Beauté!..

a dû bien rire dans sa barbe — s'il en avait une. Mais c'est assez conter profane.

A cinq heures, j'allais à la Madeleine.

La Madeleine! Qui n'a ouï parler de la Madeleine?... En province, comme à Paris, on dit : c'est la paroisse du chic. Il la connaissait bien celui qui l'a chantée ainsi :

L'Eglise de la Madeleine,
Presque vide tous les jours,
Le dimanche se trouve pleine
De femmes aux brillants atours.

On voit les chères créatures,
D'un petit air très cavalier,
Sauter en bas de leurs voitures
Et grimper le grand escalier.

La sombre Eglise est toute en joie
D'entendre leur pas si coquet,
Et le bruit des robes de soie
Qui font « frou-frou » sur le parquet.

On s'installe, et je le confesse,
On semble prier avec feu,
Pourtant tout en suivant la Messe
On détourne la tête un peu.

Les yeux brillent sous la voilette,
On prête l'oreille à Satan,
Et l'on veut voir si sa toilette
Produit l'effet qu'on en attend.

Hélas! la femme est toujours femme,
Malgré ses sentiments pieux,
Elle veut bien sauver son âme,
Mais en s'habillant de son mieux.

Et puis... Et puis elle est si bonne,
Qu'elle tâche même au saint lieu,
De ne mécontenter personne
Ni le Diable, ni le Bon Dieu!...

Me voilà devant le grand escalier. L'Eglise a la
forme d'un Temple romain. C'est la maison carrée de Nimes. Napoléon voulait en faire un
Temple à la victoire et Louis XVIII — moins
belliqueux et plus sage — une Eglise expiatoire.

La Madeleine est restée ce qu'elle est : une
Eglise paroissiale, l'Eglise de la haute futaie!...
Originale avec ses immenses colonnes qui en
font le tour. Point de clocher ni de cloches. Une
porte de bronze...

J'entre. Elle n'a qu'une nef. Trois coupoles à
sa voûte. Le Maître-Autel est surmonté d'un

groupe de marbre : l'Assomption de Sainte-Madeleine. On y fait de la belle musique et on y entend de bons prédicateurs, dit la renommée aux cent bouches. Un Père est en chaire. C'est un Dominicain : le P. Vallé. Écoutons...

Grand comme Déroulède, il porte très bien le manteau. Belle tête. Il est aphone.

Le P. Vallé a de grandes qualités. Il est théologien. Il instruit. C'est un mystique, un saint... Mais il ne plaît pas. Son action est déplorable. Il fait de petites horreurs comme gestes. Quand il remue les bras, il est effrayant et il fait peur! Je me suis sauvé. Je tremble encore!...

En rentrant aux Carmes, la nouvelle, que la commission d'Enseignement, nommée par la Chambre des Députés, avait mandé par devers elle les Recteurs des Universités catholiques de France, est venue nous surprendre fort agréablement.

On les a tous entendus. D'abord Mgr Mathieu, archevêque de Toulouse, comme docteur ès-lettres. Puis vinrent successivement Mgr Péchenard, le Recteur de la Faculté de Toulouse, ceux de Lille et d'Angers, enfin, un supérieur des Jésuites de Paris.

Nos bons radicaux auraient pris, dit-on, bonne note des idées inspirées par les réflexions très hautes et très judicieuses des Doctes du monde catholique. Attendons la fin...

On allait à la Nonciature. J'y fus.

Traversant « l'Avenue Hoche, » nous nous arrêtâmes un instant dans l'Eglise catholique des indigènes anglais... de Paris. Proprette, très gracieuse, l'étrangère! Les hauts clochers et les grandes coupoles doivent la regarder comme une petite sœur!

En passant, nous entrons dans le Parc Monceau. Les enfants jouaient sur les pelouses émaillées de fleurs... On aperçoit quelques ruines antiques : des colonnes oubliées par le temps... Non loin de là, le buste de Guy de Maupassant, le romancier qui s'est laissé mourir de la plus triste maladie : la folie! C'est ce que semble dire, à ses pieds, cette belle jeune femme éplorée, étendue langoureusement, laissant plisser sa robe en forme d'évantail.

Dans la rue Daru nous avons salué l'Eglise russe. Impossible de franchir la grille. C'était fermé. Un regard sur ses clochetons, rappelant le kremlin, et nous arrivons à la Nonciature.

Des agents sont en permanance devant la porte surmontée des armoiries du Pape, sculptées dans la pierre.

Nous entrons dans une salle où sur une grande table repose un grand registre. On s'inscrit. Nous signons chacun pour nous. Nous amenant ensuite vers l'escalier, on nous arrête et on nous congédie sans plus de formalités... Et moi qui voulais voir ce que c'était qu'un Nonce!...

Nous regagnâmes le toit commun. Une heure après j'étais rue du Luxembourg, 17, cercle des Etudiants.

On avait annoncé une savante conférence sur « L'art Chrétien et le Christ » par le R. P. Sertilanges, dominicain.

J'ai trouvé un homme qui parlait le français le plus pur. Assistance triée sur le volet...

Le fin littérateur s'est demandé quel était « l'esprit » de l'Art et son « objet. » A quoi il a répondu : l'esprit de l'Art n'est pas de reproduire ce qui est, mais bien ce qui n'est pas. L'artiste qui peint sur la toile ou taille dans le marbre la nature n'est qu'un ouvrier. Tandis que celui qui va chercher dans ses données intellectuelles et scientifiques — ou mieux dans le beau réel — le sujet de son œuvre, est l'homme de génie.

Parlant de l'objet, il a dit que c'est la réalité, plus encore l'idéal. Or, qui, mieux que le Christ, à cause de ses insondables perfections de beau, peut être la réalité et l'idéal, partant l'objet de l'Art?

Vint ensuite l'application de ses théories. « Les Christs » des diverses écoles se sont succédé sur une toile dans les flots de lumineuses projections.

Intéressant le jeune Père. Il prêchera, l'an prochain, le carême en la chapelle de l'Institut. Si je ne suis pas loin, j'irai l'entendre...

Hier, à cinq heures, M. de Lamarzelle, sénateur, donnait une conférence dans le vaste amphithéâtre de l'Institut. Le sujet traité était : « l'organisation qu'on devrait apporter à nos colonies. »

Applaudie la conférence agrémentée d'anecdotes empruntées à la vie politique de l'orateur.

M. de Lamarzelle approche de la soixantaine. Des cheveux longs, des regards qui s'animent en même temps que s'enfle la voix.... L'air est ironique et le geste arrondi... Sa parole est toujours sûre, toujours littéraire, toujours heureuse...

Je le verrai et l'entendrai longtemps dans mes souvenirs...

Aujourd'hui, fête à Saint-Sulpice : Catéchistes et catéchisés sont en liesse. Plus de douze cents enfants reçoivent des élèves du Séminaire l'instruction la plus complète. J'ai assisté au catéchisme. J'ai dit au directeur, M. Vigourel, sulpicien, avantageusement connu dans le midi, combien agréable j'avais trouvé l'enseignement de ses jeunes clercs.

L'Eglise Saint-Sulpice, sur la place de ce nom, construite sous Louis XIV, n'a été achevée qu'au siècle dernier. Sa façade, flanquée de deux tours, l'une plus élevée que l'autre. passe pour une des meilleures.

L'intérieur a la forme d'une croix. Les trois nefs sont à voûtes. en berceau, avec de lourds piliers. Les chapelles ont des fresques modernes. Le méridien passe devant la Table Sainte. On peut le suivre sur une lamelle de cuivre qui va se perdre le long d'une colonne-pyramide, à droite du Maître-Autel.

L'orgue a été construit par Cliquot. Cavaillé-Coll l'a retouché. C'est un des meilleurs instruments qu'on puisse imaginer. M. Widor, l'organiste célèbre, en est le titulaire.

L'Eglise Saint-Sulpice est, au point de vue religieux, la première de Paris. Au sein de la capitale — la moderne Babylone des Prédicateurs — deux cents ans de dévouement et de vertus devaient, ce semble, porter leurs fruits. C'est aux fils de M. Ollier qu'on doit ce beau résultat...

La place de Saint-Sulpice est celle que j'ai vue la première. Au milieu, une superbe fontaine où l'on remarque les monumentales statues des quatre grands orateurs français : Bossuet, Fénelon, Massillon, Fléchier.

A gauche de l'Église, le grand Séminaire aux multiples fenêtres. A la tête du corps professoral, M. Captier, supérieur général, administrateur consommé, l'homme le plus affable du monde, personnifiant toutes les vertus sulpiciennes... M. Garriguet, directeur, dont la politesse exquise égale le mérite... J'ai pour les sulpiciens, aujourd'hui, une admiration vraie. Elle est née le jour de mon entrée aux Carmes...

Le soir, une visite au cimetière Montparnasse.

Les cimetières à Paris sont l'objet d'une curiosité légitime. Ce sont de petites villes — des villes mortes — avec leurs rues et leurs avenues. Les tombeaux atteignent parfois la splendeur de nos monuments. C'est ce qui inspirait probablement à Bourdaloue ces élans de sincérité :

... « J'appelle piété pour les morts d'ostentation et de faste, celle qui se borne à l'extérieur des devoirs funèbres, aux cérémonies d'un deuil, à l'appareil d'un convoi, à tout ce qui peut éclater aux yeux des hommes ; recherchant ce faux éclat jusque dans les choses les plus saintes, tels que sont les services de l'Église, où souvent il y a plus de pompe que de religion ; étalant cette vanité jusque sur les autels, plus chargés des marques de la noblesse du défunt, que des signes augustes du christianisme ; *érigeant pour un cadavre des tombeaux plus magnifiques que ne sont les sanctuaires et les tabernacles où repose le corps de Jésus-Christ* ; s'étudiant beaucoup plus à observer tout ce que l'ambition humaine a introduit, qu'à pourvoir au solide et au nécessaire, qui est de secourir les âmes fidèles par nos sacrifices et par nos vœux... »

Aussi remarquable ce passage :

...« J'appelle piété stérile et infructueuse pour les morts,
celle qui ne consiste qu'en de vains regrets, qu'en d'inutiles
lamentations, qu'en des cris lugubres, qu'en des transports
de douleur, qu'en des torrents de larmes, qu'en des empor-
tements et des désespoirs : or, il n'est pourtant rien de
plus commun...

« ...A peine verrez-vous maintenant une femme de quelque condition dans le monde, au jour ou de la mort ou des
funérailles de son mari, approcher des autels, et s'acquit-
ter du devoir essentiel de la religion ; vous diriez que d'y
manquer soit une marque de tendresse. Pendant que des
étrangers, plus officieux qu'elle, accompagnent le corps et
recommandent l'âme à Dieu, celle-ci dans sa maison fait
l'inconsolable et la désespérée. Et au lieu qu'autrefois les
païens, ne perdez point cette remarque, gageaient des
hommes pour pleurer aux obsèques de leurs parents, pendant qu'eux-mêmes ils étaient occupés à faire les sacrifices
ordinaires pour apaiser leurs mânes ; croyant, dit Sénèque,
qu'ils remplissaient beaucoup mieux le devoir de la piété
filiale par leur dévotion que par leurs larmes, et qu'il était
beaucoup plus juste de se décharger sur d'autres de l'office
de pleurer, que de celui de prier : nous, par une opposi-
tion bien bizarre, et par un aveuglement encore plus déplorable, nous gageons au contraire des hommes pour prier
et nous nous contentons du soin de pleurer. Quel abus
pour un siècle aussi éclairé et aussi spirituel que le nôtre !
Zéron, évêque de Vérone, ne put souffrir qu'une femme
chrétienne, assistant aux divins offices qu'on célébrait pour
l'âme de son père, interrompit les ministres de l'autel par
des cris et des sanglots qu'il traita de profanes..... »
(Discours pour la commémoration des morts.)

Le cimetière Montparnasse a son entrée prin-

cipale sur le boulevard Edgard-Quinet. C'est le troisième de Paris.

Il serait trop long d'énumérer la sépulture de tous les illustres qui dorment là le sommeil de leur immortalité (!) Il suffit de nommer celle « d'Alphonse Daudet » en qualité de compatriote. Je suis de Sarlande...

Un fait singulier : sur les pierres tombales qui recouvrent des restes juifs, j'ai observé de petits cailloux, évidemment placés à dessein, tant ils sont réunis avec soin. J'ai cherché quel pouvait être le symbole qui se cachait sous ce rite, inconnu pour moi. Etait-ce le nombre d'années que le défunt avait passé sur la terre?... Un garde interviewé n'en savait pas plus long. Ce n'est qu'en rentrant qu'on m'a donné la réponse, — la vraie. — Ces pierres comptent les visites que la famille fait à ses morts. On les place à leur portée pour qu'ils s'en servent contre le Christ au jour du jugement...

Ces gens-là ne doutent de rien...

Accompagné d'un charmant vicaire de Saint-Sulpice que j'avais connu dans le Midi — je dis charmant, dans le beau sens du mot, pour rendre le plaisir que j'éprouvais en sa compagnie — j'arrivais à une heure et quelques minutes devant la chambre des Députés.

Le Palais Bourbon dresse son hellénique façade à l'extrémité du boulevard Saint-Germain. En face, le pont de la Concorde et la place de ce nom.

C'est sur l'ordre de la duchesse de Bourbon que le palais du Corps législatif fut commencé. Le prince de Condé y sacrifia, pour sa part, une vingtaine de millions.

Le style est celui d'un temple grec. Sur le devant, Thémis, Minerve, Daguessau, Colbert, Sully montent une silencieuse garde. Sur le fronton la France tient la Constitution entre la Liberté et l'Ordre public. J'ai reconnu aussi le Commerce, l'Agriculture et la Paix...

La salle des séances forme un hémicycle avec

vingt colonnes de marbre derrière lesquelles sont les tribunes publiques. Au-dessus du bureau, de belles tapisseries des Gobelins. Sur les côtés, la statue de la Liberté et celle de l'Ordre.

La séance commençait à peine. L'honorable M. Allard — ils sont tous honorables là dedans — était à la tribune. Il promenait en chantonnant. Le geste — la main droite fermée et en avant — battait la mesure à sa chanson rythmée. Pendant ce temps, Messieurs les Députés allaient, venaient, sortaient, causaient. Le premier acte de *Cyrano* quoi!...

On parlait de la catastrophe de Lagoubran... de la poudre A et de la poudre B.

Le jeune et impeccable M. Deschanel présidait. Ses doitgs agitaient — parfois avec violence — un coupe-papier qui venait heurter les parois du bureau pour souligner la voix enrouée réclamant : « Du silence, Messieurs, s'il vous plaît!... »

Et je pensais : voilà l'atelier où se forgent nos lois... La discussion est le plus souvent inutile. Les députés connaissent tous par avance l'ordre du jour qui sera voté. Le siège de la Chambre est fait quand les « honorables » — puisqu'il faut les appeler par leur nom — entrent en séance. C'est ce qu'expriment, du moins, les conversations qui s'y tiennent, les promenades qui s'y font... Et je songeais à Déroulède et à Lasies ne voulant plus de la République parlementaire...

M. Allard débitait donc médiocrement une

leçon mal apprise. L'intonation était fausse. Son
allure disait : Je parle, bien que mes paroles se
perdent dans le bruit. Car si elles s'égarent ici,
elles ne s'égareront pas demain à l'*Officiel*. Mes
électeurs me liront et tout le monde dira : il a
parlé...

M. Denis Cochin lui a succédé, après une ob-
servation de M. Lockroy, ministre de la marine.
Il a obtenu un silence relatif. Ici, il est vrai,
c'est le talent qui s'impose. Fort spirituel, toujours applaudi et sur presque tous les bancs, de
taille élancée, belle barbe soyeuse, il est une des
distinctions de son parti.

M. Krantz, ministre des travaux publics,
a reconnu l'esprit de son honorable collègue,
M. Denys Cochin. Il s'exprime avec aisance...

M. de Pontbriand a remporté une victoire.
L'amendement qu'il proposait, au sujet d'un
supplément de secours aux blessés des batailles,
a été voté à une forte majorité. C'est un gentleman accompli.

M. Delombre, ministre du commerce, a eu son
tour. Il a touché la corde des grands mots :
l'Honneur!... la Patrie!... la République!... Çà
n'a pas été long... heureusement.

M. Pourquery de Boisserin est venu défendre
la thèse de M. de Pontbriand. C'est un orateur.
Grande facilité, il a des effets surprenants...

M. de Freycinet, laid comme un gorille, s'est
montré aussi. Sa prose est plus jolie que sa

silhouette. Une voix de soprano-léger. N'est
pas embarrassé. Ne dit que ce qu'il veut. Mais
qu'il est laid, oh! combien!... Je pensais, en le
voyant, que Darwin avait connu notre ministre
de la guerre...

Dejeante, l'incomparable Dejeante, à la cri-
nière de lion, aux yeux de léopard, Dejeante
enfin, a demandé la parole et l'a eue. C'est le
diable dans l'eau bénite! Qu'on l'écoute ou non,
il crie, qu'on l'applaudisse ou qu'on proteste
— ce qui arrive plus souvent — il crie!... C'est
vous dire s'il m'avait donné du tympan sur les
nerfs. C'est le verbe-anarchiste!... Je me rappelle les injures — chacun s'exprime comme il
peut — qu'il a fulminées à l'adresse de l'armée :
Je cite : « Comment pouvez-vous parler cons-
tamment à cette tribune de l'honneur de l'armée
et en même temps maintenir dans cette armée
une multitude de mouchards!... » Je me souviens aussi de la réponse que le Président accen-
tua avec le peu de voix que lui avait laissée la
grippe : « M. Dejeante, vous ne pouvez pas dire
« qu'il y a dans l'armée française une multitude
« de mouchards *(tonnerre d'applaudissements)* et
« l'honneur de l'armée française est au-dessus
« de toutes les défaillances individuelles! »

M. Viviani a eu les honneurs de la journée. Il
s'exprime admirablement. Un silence de sym-
pathie régnait dans la salle pendant son littéraire discours, dit d'une voix posée, avec un

petit sourire très fin. Ce qu'il demandait était juste. Un capitaine, de mes amis, à l'exercice sévère comme la consigne, en société bon comme le pain, ne le contredira pas. « Je voudrais, dit-il en débutant, appeler en quelques paroles rapides l'attention de la Chambre et du Ministre de la guerre sur la situation intolérable créée aux officiers sortis du rang, par rapport aux officiers sortis des écoles. Je voudrais, précisant ma pensée, montrer que l'avancement, comme une sorte de privilège, est réservé aux officiers sortis des écoles et qu'il n'est accordé aux autres que dans des proportions véritablement inacceptables... »

Nul n'a été aussi bien écouté, aussi chaleureusement applaudi...

Il y avait à N.-D. la cérémonie des funérailles
du Nonce Apostolique, Mgr Clari. Je m'y rendais
assez tôt pour être convenablement placé.

Deux jours auparavant, j'étais retourné, avec
quelques amis, à la Nonciature.

Nous montâmes le grand escalier. Les murs
étaient tendus d'une rouge étoffe. A droite, les
salons aux riches tapisseries... A gauche, la chapelle ardente : au milieu de candélabres et de
fleurs, sur un lit de parade, reposait l'illustre
défunt. Les murs étaient constellés d'étoiles qui
se jouaient, sur un noir de velours, dans la clarté
des lampadaires. Des deux côtés, un Prie-Dieu.
Dans un coin, des religieuses qui chevrotaient
des prières. Sur le devant, un amoncellement
de couronnes. La plus belle portait ces mots :
« La famille de Mgr Clari. »

Ah ! cette éternelle faucheuse qui va où son
Maître l'envoie !... — Frappe ! Et elle frappe !...
Que lui importe les palais et les chaumes !...
« Nous ressemblons tous à des eaux courantes.
« De quelque superbe distinction que se flattent
« les hommes, ils ont tous une même origine ; et

« cette origine est petite. Leurs années se pous-
« sent successivement comme des flots : ils ne
« cessent de s'écouler ; tant qu'enfin après avoir
« fait un peu plus de bruit et traversé un peu
« plus de pays les uns que les autres, ils vont
« tous ensemble se confondre dans un abîme
« où l'on ne reconnaît plus ni princes, ni rois,
« ni toutes ces autres qualités superbes qui
« distinguent les hommes ; de même que ces
« fleuves tant vantés demeurent sans nom et
« sans gloire, mêlés dans l'Océan avec les riviè-
« res les plus inconnues... »

Ce sont les réflexions de Bossuet. C'étaient les miennes...

Comme un effronté méridional, je me suis logé, à N.-D., entre le corps diplomatique et le Sénat. Je voulais me payer la tête de la futaie politique.

Dans le transept, à gauche de l'autel, M. Dupuy étalait dans un fauteuil sa légendaire corpulence. A ses côtés, l'empesé M. Deschanel et trois ministres. A la suite, MM. les Sénateurs et leurs dames, les Députés et leurs conjointes..

En face, était la famille. Puis, le corps diplomatique, en habit de cérémonie : partout des étoiles d'or, des paillettes d'argent, des constellations dont les reflets dansaient dans la lumière du soleil, filtrant à travers les grands vitraux. Ici et là, les Turcs, les Siamois, les Négus et les... Chinois. Plus loin, les camériers secrets de cape et d'épée, quelques membres du clergé, le P. Ollivier... etc.

Au milieu du transept : le catafalque, — un de ces catafalques lourds et somptueux, comme en décrit Mme de Sévigné ou Jules Lemaître, avec d'innombrables cierges et de hauts lampadaires...

Bref, « de gentilshommes, de grandes dames en moires, velours et falbalas, en roides et opulentes toilettes : tout l'appareil d'une cérémonie de cour et, sur les figures graves, un air de parade et de représentation... »

Le Cardinal officiait. Au trône, son Eminence le Cardinal Langénieux, archevêque de Reims. Dans le chœur : vingt Évêques; le Séminaire Saint-Sulpice : plus de trois cents ecclésiastiques en surplis; enfin, MM. les chanoines, curés et vicaires de la ville...

Je ne parle pas des privilégiés curieux massés dans les cinq nefs. Celle du milieu était réservée aux milords... de Paris.

Sur la place, deux régiments d'infanterie, un d'artillerie, un autre de cuirassiers. Ils ont défilé tambours battants, clairons sonnants, fanfares aux mille funèbres harmonies!.. Les généraux saluèrent de l'épée, les petits soldats passèrent tête à gauche... Les gros canons eurent leur tour. Leur silence, fut un silence de mort...

Et la foule, débordante, se tint émue, respectueuse...

Cette grande roue qui tourne à l'extrémité de la galerie des machines me fit signe. Je cédai à son appel.

Comme pour la tour Eiffel, il n'y a aucune proportion entre ces colosses de fonte et les monuments qui les environnent. Je comprends le dégoût du parisien, l'ironie de Coppée, et l'émotion du cœur de M. Denys Cochin pour ces bizarres voisins. On admire, néanmoins, le génie du constructeur. Jugez : Elle est haute de cent six mètres. Elle est lourde de un million et plusieurs mille kilos. Elle tourne avec quarante wagons suspendus. Deux puissantes machines, de la force de cinquante chevaux chacune, donnent à cette masse son mouvement de rotation...

Avec elle, je suis parti pour la patrie des aigles...

Belle vue sur Paris, de ma cage de fer. Je propose ce voyage aux visiteurs de 1900 pour voir l'ensemble de l'Exposition...

En sortant, je suis allé m'égarer dans une
rue Violet. Cela, pour une sainte fille qui avait
pris, récemment, des religieuses de l'Assomption — couvent de Grenelle, sœurs Pernettes —
le voile et l'habit. Si je parle de cette Ange ter-
restre, c'est qu'elle doit sa hère et sa discipline
à une force de caractère et à une énergie incon-
cevables. Un beau jour, elle est partie, comme
une de ces âmes innocentes et naïves qui sui-
vaient le Bon François, prêchant la Pénitence et
le Renoncement! Elle est partie, abandonnant
son père et sa mère, sans même leur dire un
« adieu » qui peut être l'ultime...

Je l'ai vue résignée à tout, aimant sa vie de
vierge, comme une autre son époux adoré! Mys-
tère de l'amour divin!...

En rentrant aux Carmes, le « Moine » avait
pris place dans la salle des conférences. Le
« Moine » de la Croix, c'est le P. Bailly. Il nous
a entretenus de son œuvre : « la Presse », ce
canon de la pensée!... Il nous a rappelé l'histoire
de ce juif venant lui faire des propositions pour
acheter son journal « La Croix ». J'avoue que
j'étais jusqu'à ce jour un de ces peu emballés
pour la populaire. Ce soir, en entendant le récit
des faits surprenants arrivés par l'intermédiaire
de cette feuille qui se tire aujourd'hui à deux
cent mille exemplaires, la semaine, et à cinq cent
mille, le dimanche, je me suis promis de la re-
commander un peu. Je le fais...

Le temps n'a rien perdu de son acuité. C'est
ce jour, cependant, que la saison fleurie commence. Les brouillards, la pluie, la neige, par
moments, semblent l'avoir oublié.

Avec un confrère de Reims, guilleret comme
un pinson, nous allâmes promener notre matinée de congé dans les vastes magasins de Dufayel.

Le savant chinois, dont j'ai parlé, a vu, paraît-
il, dans les docks de nouveautés du Louvre et
du Bon Marché, une image du « Hai-Thi » ou
marché de la mer. C'est quand les nuages s'ac-
cumulent à la surface des ondes amères — dit
la légende — que les immortels viennent tenir
leur marché. Les nuages étant — pour ces dieux
— des étoffes ou des soieries.

Dufayel peut rivaliser avec les Boucicaut...

Nous avons grimpé les étages en ascenseur...

Au rez-de-chaussée, un salon de lecture, un
cinématographe, une salle de spectacle. C'est un
monde...

De retour, nous avons fait une halte à N.-D. de

Lorette. L'Abbé Poulin était en chaire. Encore une étoile de la saison... et encore un dont la réputation était exagérée. Il est auteur. « Vers l'Eternité » : c'est son dernier né, cher à sa paternité littéraire.

L'Abbé Poulin est le deuxième vicaire de Sainte-Clotilde. Avec son ami, l'abbé Loutil, vicaire à Saint-Roch, il a donné et il donne encore, dans certaines paroisses, des conférences dialoguées. A ce sujet, M. Jules Lemaître écrivait, en 1893 : « J'ai remarqué, dans une paroisse de la rive gauche, une innovation fâcheuse, celle des « conférences dialoguées. » Un prêtre dans la chaire expose le dogme ; quand il a fini, un petit vicaire, assis en face au banc de l'œuvre, se lève : il représente « l'Erreur. » Je rends hommage, dit le prestolet, à l'éloquence de l'éminent prédicateur ; mais nous autres, protestants, nous sommes entêtés... Et il fait alors des objections ridicules, aggravées de facéties qui mettent en joie les dévotes. C'est une parade affligeante et tout-à-fait indigne du bon goût du clergé parisien. Aussi, n'est-ce qu'une exception ...» Le critique doit voir aujourd'hui que l'exception est devenue « règle générale. »

Les abbés Poulin et Loutil ont justifié quelque peu les réflexions de Lemaître. On m'a conté que leurs conférences dialoguées ont été imprimées, après l'approbation du Cardinal Richard, voire même une lettre de félicitations.

Or, on a relevé un passage risqué : Lui — « Je crois bien, voyez-vous, que l'homme descend du singe. » L'autre : « Ceci est une affaire de goût »... Cette réponse, si spirituelle qu'elle pût paraître, n'a pas été du goût de tout le monde. Quelques-uns même en ont écrit au Cardinal pour appeler à nouveau son attention...

L'Abbé Loutil est le « Pierre l'Ermite » de la Croix.

On annonçait un ravissant concert religieux, sous la direction de plusieurs maëstri : Widor, A. Fauchet, maître de Chapelle à N.-D., G. Doret, chef d'orchestre de la société « Humbert de Romans », en la chapelle du château de Versailles. Belle occasion pour voir la cité royale d'antan. Je décidai un intime — d'un blond jaune comme l'or des moissons — et nous partîmes.

« Versailles, la cité morte avec le rayonnement de sa gloire passée! » dit Claretie. Versailles, qui redevient capitale quand la capitale émigre, lors des grands congrès ou des grandes eaux!... Versailles, d'où s'ébranlent les chefs d'Etat, entre deux haies de dragons aux lances flamboyantes!...

Ce jour-là, on fait chorus chez les amis de Rabelais. Tout comme à Paris, la veille de la mort de Louis XVI, chez cet aubergiste de la rue Saint-Honoré qui lavait ses tables pour faire honneur aux clients du lendemain.

Versailles, avec le renom que lui ont donné

les peintres qui ont fixé sur la toile ses souvenirs,
les poètes qui l'ont chanté!... Alfred de Musset
en veut, lui, à certaines marches de marbre rose
qui ont senti tant de pieds mignons et de rudes
talons! J'ai entendu, dans le ravissement, un
artiste de la troupe Sarah nous dire ses vers.

Versailles! Versailles! Versailles! me sonnaient aux oreilles comme des carillons, joyeux
quand mon esprit évoquait de riants souvenirs,
tristes et funèbres quand je voyais dans le passé
les pages noires de notre histoire. C'est imbu
de ces pensers que j'arrivai en la pauvrette gare
qui n'avait rien de bien royal, par exemple.

Nous courûmes au château. Les portes étaient
à tous les battants ouvertes. La chapelle avait
les siennes closes. Le temps alors de visiter som-
mairement quelques-uns des musées historiques
et nous étions à nouveau sur le seuil du lieu saint..

A l'intérieur, une foule nombreuse et recueillie
de la plus haute noblesse. Les voitures de gala
qui attendaient dans la cour du château nous
avaient avertis.

A l'écart, timidement, nous attendîmes...

Sur nos têtes, de belles fresques : « La Résurrection » de de Lafosse. Au-dessus de l'ancienne
tribune du roi : « La descente du Saint Esprit ».
Au plafond des tribunes latérales : des « Apôtres »
de Louis Boulogne.

Mais trêve aux observations, le Chapelait fait
son entrée.

On attaque un « concerto » pour orgue et orchestre, en ré mineur, de Bach. Ensuite l'« *Aria* »
de l'Oratorio d'Esther, pour harpe et violon.
Puis l'« *Andante* » de la symphonie, pour orgue
et orchestre, de Widor... Je connais un artiste,
sur les rives d'un fleuve, dont la musique est
aussi appréciée que l'esprit, qui aurait écouté
avec « moult » charmes.

Une « Invocation » a fait mes délices. C'est
celle de St-Saëns que la très connue Mᵐᵉ Tassu-
Spencer nous a jouée divement sur sa harpe
inspirée.

Une première audition du Psaume 83, avec
chœurs, orchestre et orgue de Widor, a été donnée dans un silence saisissant.

Enfin, un salut solennel a clôturé cette matinée
musicale. Nous avons entendu l'« *O Salutaris* »
de Rousseau, l'« *Ave Maria* », de Dubois, le
« *Tu es petrus* », de Fauré, le « *Tantum ergo* »,
de Fauchet et un grand chœur, pour orgue, de
Dubois.

Voilà des harmonies qui resteront dans mon
répertoire idéal...

A huit heures, nous étions de retour à Paris,
et en route pour N.-D. Le P. Etourneau donnait
sa retraite aux hommes seuls.

Une foule compacte entourait la chaire. Mon
voisin de droite me fit remarquer M. Paul de
Cassagnac qui était venu se placer tout près de

nous. D'un minois frais et rassurant pour les
assidus lecteurs de l'*Autorité* et les amis nombreux de cet homme politique. Avec une petite
moustache et des regards!... Et un pli de lèvres
gracieux, mais combien railleur!... C'était l'homme de mes rêves d'éphèbe!... Ah! si je ne craignais pas d'être bonapartiste!...

En pleine semaine sainte, à Paris, c'est intéressant. Toutes les voix des Eglises paroissiales et des chapelles avaient annoncé de beaux offices, de la savante musique — surtout les paroles du Christ, de Th. Dubois — des discours retentissants. Bref, tout le monde promettait.

A neuf heures, j'allais à Saint-Gervais. La *Schola Cantorum* devait exécuter plusieurs morceaux de son archaïque répertoire : « *Messe quarti toni* » (à quatre voix), de Vittoria. « *O vos omnes, Domine non sum dignus, Pange lingua* » (2 chœurs) de Vittoria aussi.

Misérable, l'église de St-Gervais. Du monde pas du tout.. du moins ce matin-là. On m'a dit qu'il y en avait eu beaucoup, la veille, aux ténèbres en musique vittorienne, zaccarienne et grégorienne et qu'il y en aurait plus encore les jours suivants.

Mon opinion sur l'office chanté par les Messieurs et Dames de Saint-Gervais, si connus maintenant dans le midi, scandalisera. j'en suis sûr, nombre respectable d'amis de Don Pothier. Ma foi, on ne m'accusera pas du moins de snobisme. Vous savez comment on définit le snobisme : « cet art, dit M. Doumic, qui consiste à « accueillir toutes les opinions point encore « descendues à la foule et où on est sûr de ne « se coudoyer qu'avec des hommes comme il « faut. »

Eh bien, contrairement au snob, je demande à ceux qui me liront de me laisser penser par moi-même et de ne pas leur faire le sacrifice de mes goûts. D'abord je me plais à la musique claire et chantante où il y a des airs que je retiens et que je fredonne ensuite. Or, impossible de susurrer la moindre méloppée des chanteurs de Saint-Gervais. Voilà pourquoi, à leur musique que je trouve indéchiffrable, monotone, toujours la même, je préfère, par exemple, le « *Gallia* » de Gounod, le « *Quis est homo* » de Rossini, le « *Plange* » de Pérosi... Je comprends ces airs, j'ai, en les entendant, la sensation de ce qu'ils expriment...

Je me disais ces choses et d'autres encore en m'éloignant de Saint-Gervais...

Le soir, je retournai vers le P. Etourneau. Il se lança à propos des « Devoirs des Sociétés vis-à-vis de Dieu. » Les allusions vives et blessantes pour le Gouvernement de notre République, parurent du goût de M. de Cassagnac.

A une heure, j'assistais à la passion du P. Léon, à Saint-Denis du Saint-Sacrement.

Les dernières paroles du Christ lui fournirent le thème de son discours. Un chœur et un orchestre, assez restreints, les interprétaient, derrière l'autel, après les commentaires de l'orateur.

Rien de saillant. Le P. Léon s'est payé de sentiments et de phrases très jolies. Les élans n'ont pas été nombreux... heureusement pour lui. Il n'était pas en veine. Ce qui n'a pas empêché une jeune personne de sténographier le sermon en son entier.

J'avais laissé beaucoup de prédicateurs qui promettaient et un concert religieux, à la Madeleine, pour entendre une fois de plus le fils de Saint-François. J'ai regretté ce sacrifice. Mon enthousiasme pour le Capucin a diminué. Je ne sais pourquoi. A la suite d'une lecture — *les Triomphes de l'Amour* — j'exultais... presque.

Je suis maintenant quelque peu refroidi. Est-ce
par habitude? Je l'ignore. Je n'ai pas encore
trouvé l'orateur rêvé. Ah! ce vieux Professeur,
aujourd'hui Supérieur accompli, qui m'écrivait ce
vers du bon La Fontaine :

> En toutes choses, ne prenez que la fleur

verra que je suis peut-être plus difficile qu'il ne
pensait. A moins que pour éviter de tomber dans
le snobisme ou l'enthousiasme irréfléchi, on ne
m'applique certain caractère de La Bruyère, vous
savez. celui qui n'admirait jamais rien, mais qui
tombait en pàmoison devant un bœuf ou un
àne!..

Le soir, beaucoup de monde dans les Eglises.
comme la veille autour des reposoirs. Paris n'est
pas encore sceptique. Et je suis tenté de croire,
avec un parisien, bien exagérés et pas du tout
fidèles, ces instantanés pris par les étrangers
qui représentent la Capitale comme une Gho-
morre ou une Sodome...

4 Avril, Mardi.

A dix heures, j'étais sur le quai de la gare Saint-Lazare. J'allais en Angleterre. Quelques minutes, et nous déchirons l'espace!..

Ah! les voyages, les voyages!... « Nous som-
« mes faits pour l'immensité, a dit Ernest Hello,
« et notre âme se dilate quand le ciel et la mer
« grandissent devant nos yeux! Le voyage est
« une chasse à travers les horizons!... »

Le temps était brumeux, mais mon âme était sereine. Cette nouvelle chasse à l'horizon me dilatait. Deux anglais, dans un coin, s'entretenaient à voix basse. La nature qui passait à la portière, avec la rapidité d'un éclair, me captait tout entier. Rien de merveilleux cependant. Notre midi a plus de charmes. Mais le paysage serait monotone s'il ne changeait quelquefois. La nature, c'est la variété dans l'unité...

Les collines dénudées que j'apercevais, leur air sombre à travers le brouillard, les champs que rien n'ensoleillait, les arbres encore privés de leur feuillage, tout semblait en vouloir à mon heur. Mais même la mélancolie que je trouvais assise sur toutes les pierres, près de chaque brin d'herbe, au bord des ruisseaux égarés, dans le bas des solitaires vallons, ne pouvait atteindre le fond de mon « moi » et chasser ma gaîté !...

« Un paysage, a dit quelqu'un, est un état de l'âme. » On avait donné cette pensée, comme sujet de dissertation, à nos candidats à la licence. Et je me rappelle les réflexions d'un de mes bons amis. Il octroyait, lui, au paysage quel qu'il fût, une originalité que ne sauraient modifier ni nos goûts, ni nos impressions. Par contre, il admettait volontiers que leur influence pouvait atteindre le fond même de notre âme, lui inspirer une mélancolie et une gaîté qui persisteraient à travers toutes les situations de la vie. Et il me citait, à l'appui de ses théories, Chateaubriand qui devait à la solitude de Combourg, aux falaises et à la mer de Saint-Malo de n'avoir jamais su ce que la joie était. Il me montrait ensuite le contraste, dans La Fontaine qui avait pris à la Champagne les bonds de Jeannot lapin, s'en allant faire sa cour à l'aurore, parmi le thym et la rosée !...

Mais nous sommes à Rouen !.. Rouen ancienne capitale de la Normandie; Rouen, avec le prestige des illustres qu'elle a donnés à la Mère-Patrie : P. Corneille, de Fontenelle, de Boïeldieu, Flaubert; Rouen, avec la hantise de ses douleurs : le supplice de notre Jeanne !...

Nous ne faisons que passer...

Une heure après, nous arrivions à Dieppe. C'est une des plus jolies stations balnéaires, aimées des parisiens. La plage est digne de la Capitale...

Les voyageurs pour Londres ne descendent pas de voiture. Le train entre dans la ville et nous conduit au ponton d'embarquement où attendent les paquebots pour Newhaven. Confortables les steamers que la Cie de l'Ouest et du London-Brighton mettent à la disposition des passagers. Avec de pareilles machines on doit aller vite et sûrement à travers la plaine ondulée, dis-je, en prenant ma place à bord.

Quand nous quittâmes le port, un « frou-frou » me courut l'épiderme. Ce n'était pas la première fois que j'entrais dans l'empire de Neptune, mais c'était bien pour une première — lisez traversée — que je m'y trouvais aujourd'hui. Cependant, mon frisson n'était point celui de la peur. On m'avait assuré de la sécurité du voyage. Je le croyais et devant l'ennemie j'étais fort. La « *Stella* » avait coulé, c'est vrai, deux jours auparavant et dans les mêmes eaux, mais aussi pourquoi aller heurter, à travers la brume, la pointe de perfides rochers ? De Dieppe à Newhaven la route est large, pas de traîtres obstacles, point d'ennemis brouillards...

Allons, machine qui nous pousse, sois sage, va du plus sûr de ton train ! Et toi, gentil paquebot,

résiste, résiste sans relâche! Tu portes des
Césars et leur fortune. Conduis les prestement
au port. Ne gondole pas de la sorte. Sois calme...
Encore... Là... Que les vagues en furie viennent
se briser sans cesse sur ton ventre d'airain...
Et toi, fidèle nautonier, aie l'œil sur ta lunette.
Regarde, regarde ton aiguille. Que nous n'allions
pas nous perdre au sein de l'Océan!...

C'étaient mes réflexions. J'en fus tiré par les
gémissements d'une pauvre fille qui rendait à
la mer ce qu'elle avait pris à la terre!... Je veux
parler de ce mal que je ne connaissais pas encore,
mais qui devait être bien méchant à voir les con-
torsions de la pâle figure!...

Le temps s'enlaidit encore. Une pluie fine
tombait. Il faisait froid.

.....Que diantre se passait-il en moi?... Je me
sentais tout barbouillé et comme suffoqué. La
tête d'abord avait été prise. Elle était cerclée.
Mes chansons de gaîté s'envolèrent, je dus quitter
le pont. J'avais chaud, j'avais froid.

.   .   .   .

Je sortis, un instant après. Mais, voilà... le
pantalon d'un passager reçut ce que — par respect
— je n'ose décrire ici. Çà y était. Je l'avais... le
mal de mer!!!

Ah! coquine de mer! Je lui montrais le poing.
Elle riait. Elle écumait de joie. Je l'aurais en-
chaînée, comme Assuérus, je l'aurais fait battre

de verges, comme lui, je... Et de deux!.,. Je ne parlais plus, je ne pensais plus... Et de trois!...

. . . .

Une cloche retentit. Nous arrivions. *Deo Gratias!...*

J'étais à bout. J'allais rendre le peu d'esprit qu'il me restait... Heureusement les côtes d'Angleterre vinrent à temps me restituer à la vie. La terre, je la voyais, il me semblait que je la touchais... Et mon mal s'en allait, il se faisait plus vague... Il disparut entièrement en gare de Newhaven. La plus favorisée des fées de Perrault n'aurait pas, avec sa baguette, été plus habile à le chasser...

Au ponton de débarquement, un train nous attendait. La traversée avait duré le temps habituel : quatre heures.

Je montais dans une voiture à destination de London-Bridge. Les Anglais nous font la leçon pour le confort et le luxe de leur genre de sport. Compartiments vernis, des glaces, des tapis, un éclairage!...

Nous partons. Je mange le paysage... des yeux. Il est français — je veux dire qu'il a des collines faites comme les nôtres, des campagnes de la couleur des nôtres, des arbres de la même feuille que la feuille de nos arbres...

A sept heures, nous étions arrivés. Un petit abbé de sang suisse, anglais et français — c'est beaucoup pour un seul — était là. Il m'avait promis de me servir de cicerone, il tenait parole. Il me conduisit dans un hôtel qu'il avait choisi. Ceux qui ont, comme moi, l'humeur voyageuse, savent combien précieuse est, dans une ville inconnue, à plus forte raison étrangère, une adresse et une bonne adresse.

C'est à « *Midland-Temperance-Hôtel* » *Russel square*, que je descendis. La chambre était d'une propreté scrupuleuse. Sur la table, une « Bible ». Les Anglais sont plus catholiques que le Pape. A moins que cela ne soit par pur stratagème... pour faire un peu de propagande. Je le crois...

Il pleut...

« Ce n'est pas une ville que cette capitale d'Angleterre, plusieurs fois dépeuplée par la peste et détruite par l'incendie, dit quelque part un anglais, c'est une agglomération de pierres et d'hommes, en formation depuis un grand nombre de siècles, épandue sur de toujours plus vastes espaces... » Et c'est vrai.

Londres est la plus grande ville du monde. « C'est plutôt une collection de villes d'âge inégal, de figures dissemblables dont chacune représente une époque historique. » Sa population est de plus de cinq millions d'habitants. Elle occupe un surface de trois cent seize kilomètres carrés.

Au N.-E. se trouve le quartier du commerce et de la banlieue; à l'Ouest le « West-End, » le quartier de l'aristocratie et des palais; au Sud « Southward, » celui des manufactures; à l'Est « Whitechapel, » celui des bassins. Enfin, une quantité de faubourgs...

Londres n'a pas, comme Paris, des boulevards et des avenues, mais d'immenses voies
qui sillonnent la ville dans tous les sens.

Toute la vie commerciale est sur la Tamise...

En dehors de là, c'est la monotonie. Les voitures glissent sans bruit. Les gens passent et se
parlent bas.... Les maisons sont de briques toutes construites, peu élevées, noires par les brouillards qui les lèchent. Rien ne rit. Regardez un
anglais, il porte son pays avec lui...

Pittoresques les parcs qui se trouvent dans
les beaux quartiers. Des tapis de gazon, des
allées bien entretenues, des enfants qui jouent
sur le sable, des désœuvrés qui regardent tout :
c'est ce qu'on y voit. Le plus beau est le « Hyde
Parck » : un vrai Longchamps ou le bois de
Boulogne dans son animation. C'est le rendez-
vous des milords. On y rencontre de gracieux
cavaliers, de plus gracieuses amazones...

Il n'y a point de cafés à Londres. Les gens de
la grande Bretagne pratiquent, comme on le
voit, la sobriété. Dans certains Hôtels, dits de
tempérance, on ne sert aucune liqueur alcooli-
que. De par la loi.

Le dimanche, rien ne fonctionne plus. Les
magasins se ferment, les usines s'arrêtent, les
trains cessent d'aller...

Les églises, chapelles ou oratoires fourmillent
à Londres. On les compte par milliers. Il y a
plus de deux cents religions différentes. C'est

vous dire si ce dicton populaire est fondé : « Une religion est nécessaire au peuple. » C'est ce nombre incalculable de religions qui est pour moi la preuve irréfutable qu'il y en a une vraie. « Si Dieu n'existait pas, il faudrait l'inventer. » La croix domine ordinairement tous les Temples, et bien anglais est celui qui distingue une Eglise catholique d'une Eglise réformée : Mêmes autels, mêmes images, même recueillement...

Après le rosbif, avec mon petit abbé, nous avons vu un peu de la grande capitale...

A six heures, nous étions dans un hippodrome dont l'enseigne disait : « Greatest show on earth. »

De çi, de là, des attractions... C'était « Jo-Jo, the human skye Terrier, » à la face de bouledogue. La figure, en effet, était horrible : un vrai « facies » de dégoûtant caniche. Ensuite « l'homme squelette. » Puis « Miss Annie Jones, » la demoiselle à barbe longue et soyeuse. « The Orissa twins » surtout ont attiré mon attention. C'étaient deux frérettes, jumeaux innocents, qui se tenaient... par le ventre. Un gros ligament de chair les reliait l'un à l'autre. On le voyait. Eux, ne paraissaient nullement se soucier des caprices de Dame Nature. Ils allaient, riaient, jouaient... A la suite venaient : « le petit nain » qui fumait comme un homme. — Dieu quelle taille ! Son papa l'exhibait dans la paume de sa main ! — « Hassan, » le géant égyptien ; « Wade Cochran, » l'enfant à la fabuleuse mémoire : enfin, pour ne

pas les mentionner tous, le « Barnum. » La tête
était moitié de singe, moitié d'homme, le buste et
les jambes de je ne sais quel être... Est-ce un
humain, une brute quelconque?.. La science ne
s'est point prononcée... ni moi non plus.

Plus loin, des prestidigitateurs s'escamotaient
les uns les autres... de petits indigènes de la
Bourgogne tiraient les cartes... On s'hypnotisait.
C'était la foire aux pains d'épice...

A huit heures, commença le véritable spectacle, la « great attraction » de la soirée. Nous
prenons place dans une enceinte pouvant con-
tenir vingt mille personnes. Le rideau se lève
et une vue de plage s'offre à nos regards. On se
baigne, on trace, en bâteau, de vrais sillons sur
une vraie mer. C'est Dieppe, c'est Cette, c'est
la côte d'azur !.. Des téméraires plongent d'une
hauteur de douze mètres. C'est « beautiful ! » La
toile tombe...

Messieurs les éléphants s'amènent ensuite, à
pas comptés, comme des recteurs suivis de
facultés. Ils évoluent, — trois pistes se trouvent
dans l'arène — se font applaudir, saluent de
la trompe et s'en retournent avec le même céré-
monial... et la même grâce. A tantôt !...

Les ballerines exécutent sur leur alezan des
prodiges de voltige...

Le trapèze ne l'a point cédé aux vertigineuses
courses...

Un combat naval a terminé la soirée : le heurt des Espagnols et des Américains à Cuba...

Pour rejoindre nos pénates, nous avons pris le métropolitain — chemin de fer souterrain — Par anglomanie ou non, en 1900 Paris aura le sien.

Il pleut...

Encore un quartier nouveau dont nous avons
passé la revue.

C'est d'abord le « British Muséum, » le musée
britannique qui correspond à notre musée des
antiques du Louvre et à notre bibliothèque
nationale.

Nous nous arrêtâmes devant « Albert Memo-
rial, » un superbe monument élevé à la mémoire
du Prince Albert par la Reine Victoria et son
peuple. Il se dresse en face la salle des concerts
« Albert Hall. » Il a coûté trois millions. Haut
de cinquante-trois mètres, il est décoré sur toutes ses faces, de statues, de mosaïques et de marbres les plus rares. C'est une profusion de richesses.

Non loin de là, « la Colonne de Nelson » sur
« Trafalgar Square. » Elle a été élevée par sous-
cription nationale, en mémoire de la bataille de
Trafalgar, gagnée par Nelson, en 1805, sur les
flottes françaises et espagnoles. J'ai lu cela sur
le piédestal qu'ornementent quatre lions gigan-

tesques. Au sommet, une colossale statue de l'amiral.

Nous arrivons en face de l'Abbaye de Westminster et du Parlement. C'est le plus bel édifice de Londres. Bâti dans le style gothique, il est dominé par trois tours. Ses clochetons et ses sculptures découpées en dentelles sont remarquables.

Nous avons gondolé ensuite sur la Tamise... En glissant sur le fleuve, j'ai aperçu la « Tour de Londres, » construite par Guillaume-le-Conquérant. On aurait dit une vieille citadelle du moyen âge avec ses tourelles, ses donjons, ses ponts et ses fossés. Habitée longtemps par les souverains, elle est devenue dans la suite une prison d'Etat. Elle n'est plus aujourd'hui qu'une simple caserne et un musée...

Plus loin, « le palais Buckingham, » la résidence de la reine Victoria. Le pavillon royal ne flottait pas — et pour cause, — sa gracieuse Majesté promenait à Nice sa tête... et le reste.

Près de l'hôpital militaire — espèce d'Hôtel des Invalides — nous rejoignîmes la terre. De là, nous nous portâmes dans un faubourg, je ne sais plus lequel...

Sur l'impériale d'une caisse roulante — on appelle ça, à Londres, des omnibus — nous avons passé sous un des coquets tunnels de la Tamise. Long de trois kilomètres, des lampes électriques courent sur ses flancs de distance en distance.

Nous essayâmes ensuite du train électrique qui s'en va à plus de cent mètres sous terre. Les Anglais ont une prédilection pour les ténèbres. Ils fuient la lumière... Rien d'étonnant que le silence règne en haut, le mouvement est en bas.

La nuit nous a séparés. Mon cicerone m'a quitté dans la salle d'un « Robert Houdin » quelconque où j'ai passé la soirée avec les esprits.

Je suis quelque peu spirite. Je le dois à une œuvre de Balzac, au mémoire de M. de Mirville et aussi aux gens hallucinés qui vivent sous la calotte des cieux. J'en connais. Il s'en trouve à Nîmes...

Un médium d'outre-tombe a fait disparaître par devant nous des tables, des chaises, des bancs... Des hommes se sont évaporés. Certain énergumène s'est soutenu dans les airs. Un spectateur courageux est allé le passer en cerceau... Le tout parfaitement réussi. On ouvrait des bouches bées !... plusieurs même se sont signés...

Un cinématographe a varié le spectacle, et du monde des illusions, nous sommes redescendus à celui de la réalité.

L'heure du coucher a sonné comme toutes les autres, et je m'en suis allé reprendre des forces nouvelles pour le lendemain.

Il pleut... C'est décourageant et je pars.

A dix heures, je prenais le rapide en gare Victoria, et à onze heures trente minutes j'étais sur le paquebot français qui devait m'emporter vers les rives chères de la Patrie !...

Le temps était à l'orage, la pluie tombait, le brouillard nous menaçait. La mer était colère...

A peine sorti du port, notre vapeur descendait dans les abimes. Il avait peur... et moi aussi. Inutiles étaient ses efforts pour lutter contre les vagues et se frayer un passage. Nous avancions cependant. Je croyais que le capitaine allait donner des ordres pour retourner en arrière et rentrer au port. Allons donc ! la machine active sa force, les hélices jouent de plus belle et le paquebot qui court trace un sillon profond dans le désert mouvant !

— La mer est mauvaise, dis-je à un matelot, en m'approchant de lui. « Oui, un peu, me fit-il,

mais pas assez pour craindre quelque chose. »
Je mâchonnai : en voilà un qui veut te rassurer !
Et je descendis dans les cabines, plus confortables encore que celles du « Suissex » qui m'a-
vait débarqué sur les côtes de Newhaven. J'y
trouvai une véritable salle d'hôpital. Chacun
parlait à sa cuvette le langage que vous devinez.
Je ne pouvais ne pas les imiter. Je sentais revenir la lutte. Je m'y résignais, pas de gré...

...Et d'une !... J'avais peu déjeuné. Cela ne
fut pas long, mais les souffrances furent plus
aiguës. Je sais bien avec Veuillot qu'

Aux petits des *poissons* Dieu donne la pâture,

Mais sa parodie, tout heureuse qu'elle fût, ne
m'apporta aucun baume tranquille..

Une heure après, je sortais. J'avais besoin
d'air... Partout des faces livides, des gémissements à vous fendre l'âme. Ajoutez à cela le vertige que nous communiquait sans pitié notre
balançoire, devenue le jouet des ondes courrou-
cées !

Je pensais aux naufragés du Spitzberg. J'avais
lu leur histoire, sur les bancs de la quatrième,
je m'en rappelais les phases, j'avais la sensation de ce qu'ils avaient éprouvé.

Nous avancions toujours... La mer, de plus en
plus houleuse, nous lançait des montagnes d'eau.
Le pont était rempli d'écume. Nous passions

quelquefois sous des tunnels de vagues. C'était effrayant...

Je me décidais à descendre à nouveau dans la cabine commune et à humer tous les miasmes et les microbes qui s'échappaient des cuvettes trop pleines. Je me laissais ensuite aller sur mon coussin, la tête vide de pensées et le cœur indifférent à tout sentiment...

Un ami qui avait fait la traversée de Marseille à Alger m'avait conté combien il avait souffert! — Je n'étais plus moi, m'avouait-il, et si quelqu'un était venu me dire : « nous coulons, » j'aurais répondu avec une inconscience stupide : coulons! Je songeais, par moments, à ces paroles, j'en comprenais le sens et la douleur...

. . . .

Dans mon anéantissement, comme à travers le vague d'un rêve, je perçus un mot qui me rendit à moi. « Terre! » criait-on sur le pont. Comme Colomb je la saluai de tous les élans dont j'étais encore capable.

J'allais me traîner, me hisser au sommet de l'escalier qui donnait sur la mer, quand le navire stoppa. La raison?... le port qui avait fermé ses portes là-bas à cause de la mer trop grosse.

« Pour combien de temps sommes-nous ici? » demandai-je à un chauffeur quelconque. Il n'eut pas l'aise de me répondre, ni moi celle de l'entendre. Le bâteau reçut un choc et fut si effroyablement secoué que j'étais projeté sur le par-

quet avec une rare violence. Pendant quelques
secondes un vacarme de vaisselle cassée nous
fit croire à une catastrophe. C'était le buffet-
restaurant qui payait, de sa monnaie, son tribut
à la tempête. Les femmes étaient affolées et la
plupart des hommes, pour la peur, étaient
femmes. J'en étais...

En me relevant, l'homme de peine auquel
j'avais adressé la parole me répondit, comme
si de rien n'était : « Nous sommes ici jusqu'à
cinq heures — ma montre en marquait trois —
à moins que la mer ne soit toujours en cet état.
Cela peut durer. » — Mais pourquoi, mille mal-
heurs, nous laisse-t-on ainsi en détresse? « Que
voulez-vous, il n'est pas prudent de rentrer. Ne
craignez pas cependant. Ce n'est point ainsi bal-
lotés qu'il peut nous arriver malheur. Au contraire, c'est en touchant au port, que le capitaine
doit être à l'œil. Au mois de janvier un navire a
échoué à quelques nœuds d'ici. Si un jour nous
le heurtions, notre bateau se casserait en deux.
Sur ce, bonjour, on réclame après moi... » —
Fichue de consolation!...

Et nous voilà la « chose » des vagues. De
temps à autre le capitaine nous ramenait au
point abandonné. En tournant, nous étions de
nouveau secoués, puis nous reprenions, sur nos
montagnes russes, le bercement que vous savez.
Tantôt nous partions pour la région des étoiles,
tantôt nous descendions aux pays des Enfers

où devait se tenir la barque de Caron, prête à toute éventualité!

Enfin, les portes du salut s'ouvrirent et nous rentrâmes.. sans nous faire prier. Sur les quais les Dieppois. — *Hommes, femmes, enfants, tout était descendu.* — On agitait des mouchoirs en signe de délivrance et pour manifester la joie du retour. Moi, je n'agitais rien, qu'un vaste désir d'aller rejoindre ces bonnes créatures!..

A terre, je me hâtais de réparer le désordre de mon intérieur par un diner improvisé. C'était six heures...

— Êtes-vous enchanté de votre voyage? m'a-t-on demandé à Paris. Non, je suis content seulement, content d'avoir élargi mes horizons, content d'avoir échappé à la tourmente, content de me retrouver en pleine capitale.

Avec les impressions que vous connaissez, ce sont toutes celles qu'il me reste.

J'ai assisté aux vêpres des Lazaristes, rue de
Sèvres. C'était la fête de la Translation des reliques de Saint-Vincent-de-Paul. Un évêque des
missions officiait.

La chapelle, dont le chœur était occupé par
les séminaristes, se trouvait, de filles de la charité,
toute remplie. Dans les tribunes, les nefs latérales, au milieu, partout ces anges aux blanches
ailes!..

Un chanoine a fait brièvement le panégyrique
du saint avec des applications morales pour les
jeunes lévites de la Tribu Aimable du Sauveur.
Il s'est élevé contre nos prédicants aux phrases
retentissantes, à périodes creuses autant que
sonores. Il a montré la nécessité de s'attacher
à la substance d'une simple et saine doctrine...
Tout cela, dans une langue fleurie, imagée, avec
même quelques jolies périodes...

On a vénéré ensuite les reliques du saint. La
châsse se trouve au-dessus du maître-autel. Elle

est de verre, ce qui permet de voir « ce bon Monsieur Vincent ». On l'a représenté en cire, ou plutôt c'est, dit-on, le corps qu'on aurait recouvert de cire. Des milliers de cierges scintillaient et lui faisaient une gloire...

Le soir, un petit tour au Jardin des Plantes pour occuper mes loisirs...

Je n'ai guère vu que le côté réservé aux fauves...

Un chien dans la cage des lionnes m'a fait interwievé un gardien-chef. Il paraît que ces dames s'ennuieraient. Elles ont demandé une compagnie. On la leur a donnée. *Péchère!*...

Les phoques digéraient. Les ours s'essayaient sur les barreaux de leur cage. Les hyènes cherchaient une proie. Les cerfs couraient leurs oasis. Les zèbres miraient au soleil leur robe soyeuse. Les dindons sauvages faisaient... les dindons.

Enfin, une visite au Pôle-Nord... de Paris avant de rentrer au logis...

Dans l'eau d'un étang nageaient des phoques, dégoûtants et pour les yeux et pour le nez. Sur les Monts, des ours blancs. On les chassait... Ils ne s'en doutaient point. Les compagnons de Saint-Hubert les couraient, armés de lances hypocrites...

Pendant cette foraine exhibition, un orchestre composé de matelotes essayait, par ses accords, de charmer les plus endurcis...

Une conférence qui restera dans mes souvenirs, c'est celle de F. Brunetière au séminaire Saint-Sulpice.

La salle était imposante. Mgr Touchet, encore de passage à Paris, présidait. A sa droite, M. Captier.

« Petit et nerveux, avec un front têtu, un visage bilieux qui respire à la fois la force et la volonté », un binocle à travers lequel brillent deux regards vifs, animés : tel est au physique le critique fameux du XIXe siècle.

Quant au moral, M. Jules Lemaître nous a tracé son portrait dans ses « *Contemporains* » : Histoire, philosophie, romans, poésie, beaux-arts, et de tous les pays, M. Brunetière sait tout. On dirait qu'il a tout vu, qu'il a tout lu...

C'est la première impression que vous donne le Maître de Conférences de l'Ecole Normale Supérieure.

« *Le Lyrisme dans Bossuet* » tel est le thème qu'il nous a développé avec cette science. cet art, ce tact, cette distinction qui le caractérisent. Sa parole est coulante, concise, claire. Ici, elle va semblable au ruisseau qui bruit en s'enfuyant, là, elle gronde comme le torrent qui se précipite vers les abîmes. Le geste suit le rythme de sa pensée et exprime ses sentiments...

M. Brunetière expose, commente, explique. Il raille, toujours avec esprit. Il prêche aussi, et à faire rêver un Bourdaloue ou un Massillon!. Appuyant ses opinions de quelques exemples, « il « s'est livré, dirait M. Louis de Boulogne, aux « mouvements de l'orateur. » M. Le Bidois l'appelle : « le plus grand Prédicateur!... »

« M. Brunetière a ce premier mérite, écrit « Lemaître, aussi rare que modeste, de con-« naître toujours parfaitement les choses sur « lesquelles il parle et même les alentours... »

La Théologie ne lui paraît non plus étrangère... Quant à ses auteurs du XVIIe siècle, il les possède à fond...

En commençant, le judicieux critique a fait un parallèle très goûté entre Bossuet et le P. Bourdaloue. Il a opposé surtout la poésie du premier à « l'austère » du second...

Il nous a montré ensuite Bossuet comme un « *Fra Angelico* », comparant les fresques oratoires de celui-là aux fresques picturales de celui-ci :

« . ...D'où vient que les cieux sont ouverts? et que veulent dire ces anges qui montent et descendent d'un vol si léger, de la terre au ciel, du ciel sur la terre? Chrétiens,

ne voyez-vous pas que ces esprits pacifiques viennent réta-
blir le commerce que les hommes avaient rompu, en prenant le parti rebelle de leurs séditieux compagnons. La
terre n'est plus ennemie du ciel ; le ciel n'est plus contraire
à la terre; le passage de l'un à l'autre est tout couvert d'es·
prits bienheureux dont la clarté officieuse entretient une
parfaite communication entre le lieu de pélerinage et notre
céleste patrie.

« C'est, Messieurs, pour cette raison que vous les voyez
monter et descendre. Ils descendent de Dieu aux hommes,
ils remontent des hommes à Dieu; parce que la sainte
alliance qu'ils ont renouvelée avec nous, les charge d'une
double embassade. Ils sont les ambassadeurs de Dieu vers
les hommes. Quelle merveille, nous dit Saint Bernard !
Chrétiens, le pourrez-vous croire! Ils ne sont pas seulement
les anges de Dieu, mais encore les anges des hommes... »

(Discours sur les Anges gardiens.)

Pour nous rappeler le relief de Michel-Ange, il a mis en action ce passage :

« .....Le prophète Isaïe nous le représente (Dieu) tenant
en sa main une coupe, qu'il appelle la coupe de la colère
de Dieu : « *Bibisti de manu domini calicem iræ ejus.* »
« La main du Seigneur vous a fait boire la coupe de sa
colère. » Elle est, dit-il, remplie d'un breuvage qu'il veut
faire boire aux pécheurs; mais d'un breuvage fumeux
comme d'un vin nouveau, qui leur monte à la tête et qui
les enivre. Ce breuvage qui enivre les pécheurs, qu'est-ce
autre chose, Messieurs, que leurs péchés mêmes et leurs
désirs emportés auxquels Dieu les abandonne?... Ils boivent comme un premier verre, et peu à peu la tête leur
tourne, c'est-à-dire que dans l'ardeur de leur passion, la
réflexion à demi éteinte n'envoie que des lumières dou-
teuses ; on ne voit plus les vérités de la religion, ni les
terribles jugements de Dieu, que comme à travers d'un

nuage épais. C'est ce qui s'appelle dans les Ecritures :
« l'esprit de vertige », qui rend les hommes chancelants
et mal assurés. Cependant, ils déplorent encore leur fai-
blesse ; ils jettent quelques regards du côté de la vertu
qu'ils ont quittée. Leur conscience se réveille de temps en
temps, et dit en poussant un secret soupir dans le cœur :
ô piété! ô chasteté! ô innocence! ô sainteté du baptème!
ô pureté du christianisme! Les sens l'emportent sur la conscience : ils boivent encore, et leurs forces se diminuent et leur
vue se trouble. Il leur reste néanmoins quelque connaissance et quelque souvenir de Dieu. Buvez, buvez, ô pécheurs, buvez jusqu'à la lie. Mais que trouveront-ils dans ce
fond ? « Un breuvage d'assoupissement, dit le saint Pro-
« phète qui achève de les enivrer jusqu'à les priver de tout
« sentiment : *Usque ad fundum calicis soporis bibisti, et
potasti usque ad fæces.* » Et voici un effet étrange : « Je les
« vois, poursuit Isaïe, tombés dans les coins des rues, si
« profondément assoupis qu'ils semblent tout à fait morts :
« *Filii tui projecti sunt, dormierunt in capite omnium
« viarum* » C'est l'image des grands pécheurs qui s'étant
enivrés longtemps de leurs passions et de leurs délices criminelles, perdent enfin toute connaissance de Dieu et tout
sentiment de leur mal. Ils pèchent sans scrupules ; ils s'en
souviennent sans douleur ; ils s'en confessent sans com-
ponction ; ils y retombent sans crainte ; ils y persévèrent
sans inquiétude ; ils y meurent enfin sans repentance... »

(*Discours sur la nécessité de travailler à son salut*)

M. Brunetière nous a parlé ensuite de la « per-
sonnalité » et de la « sensibilité » de Bossuet, deux
qualités maîtresses que n'ont pas su reconnaître le
XVIIe et le XVIIIe siècle, mais qu'a su apprécier
le XIXe qui cherche toujours l'homme derrière le
livre, et le sentiment dans l'homme...

Bossuet est personnel. Il n'y a que lui, en effet, pour entrer dans le cœur de son sujet dès le début : « *Me sera-t-il permis aujourd'hui d'ouvrir un tombeau devant la Cour? et des yeux si délicats ne seront-ils point offensés par un objet si funèbre?* (Discours sur la mort.) Il n'y a que lui pour se mettre en scène tout d'un coup, sans prévenir l'auditeur :

« ...La chair changera de nature; le corps prendra un autre nom; même celui de cadavre ne lui restera pas longtemps; « il deviendra, dit Tertullien, un je ne sais quoi « qui n'a plus de nom dans aucune langue » tant il est vrai que tout meurt en lui, jusqu'à ces termes funèbres par lesquels on exprimait ses malheureux restes.

« *Qu'est-ce donc que ma substance, ô grand Dieu? J'entre dans la vie pour en sortir bientôt; je viens me montrer comme les autres; après, il faudra disparaître.* Tout nous appelle à la mort : la nature, comme si elle était presque envieuse du bien qu'elle nous a fait, nous déclare souvent et nous fait signifier qu'elle ne peut pas nous laisser longtemps ce peu de matière qu'elle nous prête, qui ne doit pas demeurer dans les mêmes mains, et qui doit être éternellement dans le commerce : elle en a besoin pour d'autres formes, elle la redemande pour d'autres ouvrages

« Cette recrue du genre humain, je veux dire les enfants qui naissent, à mesure qu'ils croissent et qu'ils s'avancent, semblent nous pousser de l'épaule et nous dire : « Retirez-vous, c'est maintenant notre tour. » Ainsi comme nous en voyons passer d'autres devant nous, d'autres nous verront passer, qui doivent à leurs successeurs le même spectacle. O Dieu! encore une fois, qu'est-ce que nous? *Si je jette la vue devant moi, quel espace infini où je ne suis pas! Si je la retourne en arrière, quelle suite effroyable où je ne suis plus! et que j'occupe peu de place dans cet abîme immense du temps! Je ne suis rien, un si petit intervalle n'est pas capable de me distinguer du néant : on ne m'a envoyé que pour faire nombre; encore n'avait-on que faire de moi, et la pièce n'en aurait pas moins été jouée quand même je serais demeuré derrière le théâtre.»*

(Discours sur la mort.)

Bossuet a fait preuve aussi d'une sensibilité extraordinaire. C'est sa grande bonté pour les hommes qui, à l'instar d'un Vincent de Paul, l'a rendu d'une tendresse remarquable. Il faut lire, pour s'en convaincre, l'oraison funèbre de Henriette d'Angleterre :

« ...Notre princesse est persécutée avant que de naître, délaissée aussitôt que mise au monde, arrachée, en naissant, à la piété d'une mère catholique; captive, dès le berceau, des ennemis implacables de sa maison et, ce qui était plus déplorable, captive des ennemis de l'Église, par conséquent destinée premièrement par sa glorieuse naissance, et ensuite par sa malheureuse captivité, à l'erreur et à l'hérésie. Mais le sceau de Dieu était sur elle. Elle pouvait dire avec le prophète : « Mon père et ma mère m'ont « abandonnée, mais le Seigneur m'a reçue en sa protec- « tion. Délaissée de toute la terre dès ma naissance, je « fus comme jetée entre les bras de sa providence pater- « nelle, et dès le ventre de ma mère il se déclara mon « Dieu... »

(Oraison funèbre de Henriette d'Angleterre.)

Deux idées dominantes nous frappent dans Bossuet : celle de la Providence et celle de la Mort.

La Harpe, comparant Bossuet à Cicéron et à Démosthène, le mettrait au-dessus de ces orateurs s'il n'avait pas été théologien. Mais c'est justement, dit Brunetière, ce qui fait son mérite. La pensée de la mort nous rend éloquents, comme l'idée de l'Être Suprême nous donne la vraie grandeur de toutes choses...

Les applaudissements qui ont salué les belles idées, les beaux mouvements, l'entraînante éloquence du Maître-Conférencier ont dit assez combien les esprits pensaient à l'unisson, combien les cœurs vibraient des mêmes sentiments.

M. Brunetière est un de ces bossuétistes qui passent une partie de leur vie à s'exciter sur le grand Évêque. M. Jules Lemaître dit bien qu'il est difficile de ne pas admirer un tel homme (Bossuet), mais il trouve « un peu surprenant » d'aller jusques « à l'amour et à la prédilection... »

Sans se soucier de ces critiques, M. Brunetière, pour l'Aigle de Meaux, va jusqu'à cet amour et à cette prédilection. J'ignore si c'est à force de s'exciter qu'il a fini, comme Sylvestre de Sacy, à trouver, dans Bossuet, particulièrement dans ses *Oraisons funèbres*, des chefs-d'œuvre de « grâce et de pureté, » mais ce que je sais et ce que je n'oublierai jamais, c'est l'accent convaincu avec lequel il nous a parlé de celui que quelqu'un appelle trop méchamment : « le Maître des Cérémonies funèbres du grand siècle », c'est le talent qu'il a déployé pour nous faire apprécier Bossuet, nous le faire goûter et nous le faire aimer...

Une halte à la librairie Flammarion, sous les arceaux de l'Odéon...

Là, on s'abonne sans frais à la lecture. Tous les ouvrages, en effet, sont à la disposition du public qui les ouvre, les feuillette, voire même les coupe parfois. A côté des bons se trouvent les mauvais. Ces derniers sont accidentés de gravures qui font la joie des yeux. Ceux-là, surtout, témoignent qu'on les a remarqués. La couverture s'étale séduisante : « Le Vice; Frisson de Chair ; La Corruption à Paris... » Je ne parle pas du « Livre Secret des Confesseurs » de Léo Taxil — les diaconales de Mᵍʳ Bouvier, traduites en français et commentées. — Il faut voir comme on se passionne !..

O tempora ! o mores !.. Les mœurs à Paris sont détestables. On apprend dans les livres ce qu'on ignore. On s'exerce ensuite sur le boulevard. Si quelque parisien lit ces lignes, il aura pour l'auteur un sourire. Sourire qui s'amusera de ma naïveté. Pensez-donc, à mon àge, être scandalisé !.

Peu m'en chaut. Je voudrais ce que voulait
Bossuet au XVIIe siècle :

«... Paris, dont on ne peut abaisser l'orgueil, dont la
vanité se soutient toujours malgré tant de choses qui la
devraient déprimer, quand te verrai-je (ô ville) renversée?
Quand est-ce que j'entendrai cette bienheureuse nouvelle :
Le règne du péché est renversé de fond en comble ; ses
femmes ne s'arment plus contre la pudeur, ses enfants ne
soupirent plus après les plaisirs mortels et ne livrent plus
en proie leur âme à leurs yeux : cette impétuosité, ces em-
portements, ce hennissement des cœurs lascifs est supprimé :
ceux qui ont attenté sur la couche de leur prochain, sont
aujourd'hui chastes : le bien d'autrui est enfin restitué... »

C'étaient encore mes réflexions en allant au
cimetière du P. Lachaise.

Le cimetière du P. Lachaise est le plus beau
de Paris. Les tombeaux y sont d'une richesse
inouïe. Des objets d'art les décorent. On n'a point
craint d'y placer des statues de bronze : génies
éplorés, vierges inconsolables que ne recouvre
aucun voile pudibond!.. J'ai cherché longtemps
le lieu de repos du président Félix Faure. Bien
modeste la pierre qui recouvre ses restes. A
droite, en entrant par le boulevard Ménilmon-
tant; il est au milieu des siens. Il a pratiqué la
vertu démocratique jusque dans la mort. *In pace
requiescat!*

Je me suis éloigné en pensant à la magnifique
épitaphe que Louis Veuillot avait écrite lui-même
pour sa tombe :

Placez à mon côté ma plume :
Sur mon front, le Christ, mon orgueil,
Sous mes pieds mettez ce volume,
Et clouez en paix le cercueil.

Après la dernière prière,
Sur ma fosse plantez la croix ;
Et si l'on me donne une pierre,
Gravez dessus : « J'ai cru, je vois ! »

Dites entre vous : « Il sommeille,
Son dur labeur est achevé, »
Ou plutôt dites : « Il s'éveille,
Il voit ce qu'il a tant rêvé ! »

Ceux qui font de viles morsures
A mon nom sont-ils attachés ?
Laissez-les faire ; ces blessures
Peut-être couvrent mes péchés.

Je fus pécheur, et sur ma route,
Hélas ! j'ai chancelé souvent ;
Mais, grâce à Dieu, vainqueur du doute,
Je suis mort ferme et pénitent.

J'espère en Jésus. Sur la terre
Je n'ai pas rougi de sa loi ;
Au dernier jour, devant son père,
Il ne rougira pas de moi...

Je cite ces vers pour un de mes amis. Je les ai lus, un jour, devant une tante qu'il aime beaucoup. Il les a entendus, je me souviens qu'il a pleuré !...

Ce soir, à huit heures, je me suis donné une audition de célébrités. M'y rendant, je m'appliquais ces paroles d'un de ceux que j'allais applaudir : « Les parisiens excuseront l'ignorance et la naïveté d'un provincial fraîchement débarqué de sa province, qui est curieux de voir des hommes illustres et qui va faisant des découvertes... »

M. Jules Lemaître, président de la « Ligue de la Patrie française », venait d'être condamné à quinze francs d'amende, avec application de la loi Bérenger. Il y avait foule dans le vaste amphithéâtre de la Société d'Horticulture.

Me Michel Pelletier, un des avocats de Paris les plus réputés, pérorait. Il disait juste ceci quand je suis entré : « Nous sortons, notre cher « Président et moi, de l'audience du tribunal « correctionnel. M. Jules Lemaître a quitté son « fauteuil d'académicien pour ce fameux banc « d'infâmie, peu habitué d'ordinaire à l'honneur « qui lui a été fait à cette audience... »

Il avait à sa droite M. François Coppée, sans barbe ni moustache, l'air légèrement préoccupé, une couleur de teint annonçant son état souffrant, le menton sur le bout de sa canne...

A ses côtés, Jules Lemaître. A la suite, M. Quesnay de Beaurepaire qui a été, à la fin de la séance, vivement acclamé...

La soirée a été délirante. Coppée l'a clôturée avec l'esprit qu'on lui connaît...

M. Le Bidois est un professeur de littérature bien connu par les ouvrages qu'il a publiés. Très myope, d'une simplicité timide, le critique écrit mieux qu'il ne parle. « C'est un homme d'idées » m'avait dit quelqu'un. Oui, mais combien lentes elles sont à sortir! Sa langue est embarrassée. Il fait mentir Boileau. Ce qu'il conçoit très bien, il l'énonce très difficilement et les mots, pour s'exprimer, ne lui arrivent jamais aisément. Les phrases restent parfois inachevées... On le plaint en l'admirant.

Il a donné aujourd'hui à l'Institut une Conférence très suggestive : l'*Eloquence Sacrée*. Je n'en ai rien perdu. Vous allez voir.

I. — *Du Texte*. L'usage du texte, critiqué par Voltaire, l'avait été déjà par Fénelon, dans ses Dialogues sur l'Eloquence. Ce n'est pas si vous voulez l'usage du texte que critique si spirituellement l'Evêque de Cambrai, mais l'application fantaisiste qu'on en fait.

Massillon lui-même est trouvé en défaut.

« Sous les galeries de la piscine, étaient couchés par terre un grand nombre de malades, d'aveugles, de boîteux, de ceux qui avaient les membres secs, qui, tous, attendaient que l'eau fût remuée. »

(Texte du discours sur la Confession).

Application : « ...Cette piscine mystérieuse teinte du sang des victimes, c'est le bain sacré de la Pénitence teint du sang de l'Agneau, qui purifie nos consciences, et qui guérit toutes nos langueurs ; ces malades de toutes les sortes, qui attendent sous les galeries et parmi lesquels à peine s'en trouve-t-il un seul qui mérite d'être guéri, nous représentent cette multitude de fidèles qui, tous les jours, approche de ce sacrement avec si peu de fruit ; dans le paralytique guéri, vous voyez l'image d'un pécheur invétéré, lequel, touché du malheur de son état, s'attire des regards de miséricorde de la part de J.-C. et obtient la grâce d'une parfaite délivrance... »

— Un professeur de l'Institut s'était élevé déjà contre cette habitude de torturer les textes et de ne se contenter le plus souvent que du sens accommodatice. —

L'usage du texte nous vient de ce qu'auparavant on enseignait et on expliquait l'Evangile texte par texte. On a préféré, de nos jours. insinue finement M. Le Bidois, les grandes périodes et les phrases retentissantes, ne retenant de l'ancienne coutume que d'énoncer un texte pour montrer sur quel fondement s'appuie la parole sacrée.

On a tort de vouloir faire du texte la matière

de son discours et d'y circonscrire de gré ou de
force toutes ses idées. Telle n'est pas, en effet,
la pratique de Bossuet...

II. — *De la Division*. Diviser son sujet n'est
point une règle des modernes. Les anciens
l'avaient déjà tracée. Cicéron, en effet, est très
explicite là-dessus : « L'orateur a du plaisir à
vous suivre, dit-il, quelque part, si vous évitez
de multiplier les divisions qui embarrassent la
mémoire... »

Au XVIIe siècle on a abusé des divisions. On
l'a dit de Bourdaloue, mais c'est particulièrement vrai de Massillon.

On a soutenu que le discours serait monotone
et embrouillé s'il n'était pas divisé. Les haran-
gues de Cicéron et de Démosthène sont la preuve
du contraire. On y trouve bien quelques divisions, mais elles sont comme naturelles...

Les divisions sont recommandables et recom-
mandées dans l'« Eloquence Sacrée », pourvu
qu'on en abuse point. Il faut instruire et toucher
dans un sermon, voilà pourquoi il est nécessaire
de savoir d'où l'on vient et où l'on va.

Dans un premier dialogue sur l'Eloquence,
Fénelon donne la manière de diviser. On doit
le faire simplement, naturellement, clairement.
L'Evêque de Cambrai est revenu là-dessus dans
sa « Lettre à l'Académie ». Dans son « Projet
de Rhétorique », il veut que l'on montre souvent
les conclusions dans le principe.

Les divisions servent à se retrouver et nous portent toujours au point central. Celles de Bossuet, dans ses « Oraisons Funèbres », sortent des choses elles-mêmes, contrairement à celles de Massillon qui viennent du dehors. Elles aident aussi à conserver ce qu'il y a de vif dans le sujet...

III. — *De l'Ordre des Preuves.* Les anciens avaient étudié leur art mieux que nous.

On a dit que les preuves devaient commencer par être faibles, puis convaincantes et plus frappantes vers la fin. Cicéron trouve cette manière bonne quand l'orateur est fort, mais non quand il ne l'est pas. Son ordre s'en ressentirait certainement au détriment du succès. Il veut, lui, qu'on débute par des preuves puissantes, afin de saisir son auditoire dès le début, qu'on réserve pour la fin les preuves frappantes et qu'on mette au milieu les preuves médiocres. C'est ce qu'on voit dans les plans des combats homériques. Quintilien le rapporte...

Enfin, ce qui serait par dessus tout digne d'éloge, ce serait de s'inspirer des circonstances, de recevoir de son auditoire l'ordre de son discours, de le modifier même séance tenante pour les besoins de sa cause. C'est encore la pensée de Cicéron...

IV. — *Du Style.* Le style doit avoir deux grandes qualités : la clarté et la véhémence. Il ne faut pas qu'il soit abstrait, mais concret. Les auditoires ordinaires sont des auditoires d'enfants. Il est donc nécessaire d'approprier son langage à l'entendement du plus grand nombre.

Il doit être riche d'images. Ne pas craindre la répétition. Fénelon dit que c'est plus naturel, en même temps plus fructueux. Massillon l'aimait et, après les théories de celui-ci il nous en a montré la pratique.

La véhémence est la plus grande qualité du style oratoire. Pélage, dit Saint-Augustin, prêchait avec une véhémence qui emportait les auditeurs...

C'est par les figures et le rythme qu'on obtient la véhémence. Les figures sont les gestes de la pensée. Cicéron les appelait : « Les gestes de la parole. »

Il faut recourir souvent aux interrogations qui intéressent plus vivement l'auditeur. Massillon est magnifique dans son « Sermon sur le Mauvais Riche » et Bossuet ne le lui cède en rien dans son « Discours sur le Jugement Dernier. »

On doit recourir aussi aux dialogues qui mettent de la variété dans le Discours... On s'en sert pour presser l'homme qui se défend...

La véhémence s'achève enfin par le rythme.

Le rythme est le mouvement qui anime toute la période et qui se communique au discours tout entier. Ce n'est donc pas la phrase harmonieuse. C'est quelque chose de vivant.

V. — *De l'Action.* « *Actio quasi sermo corporis* »
dit Cicéron. L'action c'est le langage du corps.
« Livre-toi » : c'est le mot qui la résume tout
entière.

Autrefois, on s'étendait peu sur l'action. Cicéron était en cela inférieur à Démosthène qui
avait plus que lui le sentiment de l'éloquence.
L'action n'était pas, en effet, la qualité de l'orateur latin. Il se troublait parfois, voire jusques
à la crainte. On l'a vu dans son plaidoyer « *Pro
Milone.* »

Dans l'Action on distingue : la diction et le
geste.

1. — *De la Diction.* La voix bien guidée, variée
dans ses intonations, suffit à produire l'éloquence.

Il ne faut prendre que des tons convenables,
parler lentement, accentuer particulièrement les
dernières syllabes. Il doit y avoir des inégalités
dans la voix, le contraire serait monotone. Le
grand art est de se faire écouter. On doit donc
préparer ses effets oratoires. Pour cela, on ména-
gera sa voix, on parlera bas, on retiendra son
souffle pour se lancer ensuite plus aisément dans
la période et les élans de la véhémence.

M. Legouvé, de l'Académie française, a donné
des règles très utiles dans son ouvrage « *l'Art
de la Lecture.* » Il conte une anecdote qui montre l'importance de la diction pour un orateur.
La voici.

« J'étais lié autrefois, dit-il, avec un député de mon âge, plein de talent, de savoir, et qui voyait dans la députation un acheminement au ministère. Un jour qu'il devait prononcer à la Chambre un discours important, un discours-ministre, il me pria d'aller l'entendre. La séance terminée, il vient à moi, fort empressé de connaître mon impression.

— Eh bien? me dit-il.

— Eh bien, mon cher ami, tu n'entreras pas encore de ce coup-ci dans le Cabinet.

— Pourquoi ?

— Parce que tu ne sais pas parler.

— Comment, je ne sais pas parler, reprit-il un peu piqué, il me semble pourtant que mon discours...

— Oh! ton discours a été en partie excellent, remarquable de justesse, de bon sens, et parfois d'esprit ; mais qu'importe, si l'on n'en a pas entendu la moitié.

— On ne m'a pas entendu? Mais dès le début j'ai parlé si haut et si fort...

— Que tu peux même dire que tu as crié! Aussi, au bout d'un quart d'heure ta voix s'est éraillée.

— C'est vrai.

— Attends, je n'ai pas fini. Après avoir parlé trop haut, tu as parlé trop vite.

— Oh! trop vite, dit-il en se défendant, peut-être un peu à la fin, parce que j'ai voulu abréger.

— Précisément, et tu as fait exactement le contraire... tu as allongé. Rien, au théâtre, ne fait paraître une scène longue comme de la débiter trop vite. Le spectateur est très fin, il devine, à la précipitation de votre débit, que vous sentiez là quelque longueur : non prévenu, il ne s'en fût peut-être pas aperçu ; vous l'avertissez, l'impatience le gagne.

— C'est encore vrai! s'écria de nouveau mon ami, j'ai senti à la fin mon auditoire m'échapper ; mais quel remède à ce mal ?

— Rien de plus simple. Prends un professeur de lecture.

— Tu en connais un ?

— Admirable !

— Lequel ?

— M. Samson.

— M. Samson, l'acteur?

— Oui.

— Je ne veux pas prendre des leçons d'un acteur.

— Pourquoi?

— Songe donc! un homme politique! un homme d'Etat! Tous les petits journaux se moqueraient de moi si cela se savait.

— Tu as raison! le monde est si bête qu'on te raillerait d'apprendre ton métier.. Mais sois tranquille on ne le saura pas.

— Tu me garderas le secret?

— Et M. Samson aussi, je te le jure... »

« Ainsi fut fait. M, Samson lui posa, lui assouplit, lui fortifia la voix; il lui fit lire des pages de Bossuet, de Massillon, de Bourdaloue; *il lui apprit à commencer ses discours un peu lentement et un peu bas; rien ne commande le silence comme de parler bas; on se tait pour pouvoir vous entendre, et il en résulte qu'on vous écoute.* Ces sages leçons portèrent leurs fruits. Six mois après, mon ami était ministre... Je vous engage à profiter de son exemple. Quelqu'un de vous sera-t-il ministre? Je ne sais; mais quelques-uns seront forcés, comme professeurs, de parler une heure ou deux par jour; plusieurs se présenteront comme candidats dans les réunions politiques. Il se dépense beaucoup de paroles dans ces réunions... Préparez-vous ! Armez-vous ! Rappelez-vous qu'on n'est maître du public que quand on est maître de soi, qu'on est maître de soi que quand on est maître de sa voix, et prenez un maître de lecture... »

Il faut prononcer purement, articuler nettement...

Par exemple, quelques syllabes comme les adjectifs possessifs « mes, ses, tes » doivent se prononcer « mais, sais, tais. »

« Un amateur, qui se piquait de bien dire, demanda un jour des leçons au célèbre tragédien Lafon. Il cherchait moins des conseils que l'occasion de s'entendre louer par un grand artiste . Il choisit donc, par flatterie, le plus beau rôle de son maître : *Orosmane.*

> ...Ton orgueil, ici, se serait-il flatté
> D'effacer Orosmane en générosité ?
> Reprends ta liberté, remporte « tés » richesses !

— « Tais... » richesses ! dit brusquement Lafon en l'interrompant.

— C'est ce que j'ai dit.

— Non ! vous avez dit « tés » richesses !

L'amateur continue :

> A l'or de ces rançons, joins « més » justes largesses..

— « Mais... » justes, s'écrie Lafon.

— Il me semblait avoir dit...

—· Vous avez dit « més » justes.

L'amateur continue :

> Au lieu de dix chrétiens que je dois t'accorder
> Je t'en veux donner cent... tu peux « tés » demander...

— « Tais !... »

L'amateur commence à se troubler :

> Qu'ils aillent sur « tés » pas...

— « Tais!... »

Pour le coup, l'amateur piqué, blessé, lui répond :

— Mais, Monsieur, je parle comme on parle dans le monde.

— Le monde est le monde, Monsieur, reprit Lafon froidement, mais l'art est l'art ; la lecture est la lecture, et *ses règles ne sont pas celles de la conversation...* »

(*L'Art de la Lecture,* LEGOUVÉ.)

On doit ponctuer avec la voix comme on ponctue avec la plume, mais pas de la même manière. Ainsi, on séparera toujours le sujet du verbe, l'adverbe du sujet. On recherchera le mot de valeur pour l'accentuer. On emploiera des sous-entendus pour arriver au vrai ton de la conversation.

Encore un trait de M. Legouvé :

Un jour, M. Samson voit arriver chez lui, comme élève, un jeune homme assez satisfait de lui-même.

Vous désirez prendre des leçons de lecture, Monsieur?

— Oui, Monsieur

— Vous êtes-vous déjà exercé à lire tout haut?

— Oui, Monsieur, j'ai récité beaucoup de scènes de Corneille et de Molière.

— Devant tout le monde?

— Oui, Monsieur.

— Avec succès?

— Oui, Monsieur.

— Veuillez prendre dans ce volume de La Fontaine, la fable : *Le Chêne et le Roseau.* L'élève commença :

> Le chêne un jour, dit au roseau...

— Très bien ! Monsieur, vous ne savez pas lire !

— Je le crois, Monsieur, reprit l'élève un peu piqué, puisque je viens réclamer vos conseils, mais je ne comprends pas comment sur un seul vers...

— Veuillez le recommencer.

Il recommença :

Le chêne un jour, dit au roseau...

— J'avais bien vu que vous ne saviez pas lire.

— Mais...

— Mais, reprit M. Samson avec flegme, est-ce que l'adverbe se joint au substantif au lieu de se joindre au verbe ? Est-ce qu'il y a des chênes qui s'appellent un jour ? — Non ; eh bien, alors, pourquoi lisez-vous le chêne un jour, dit au roseau... lisez donc : le chêne, virgule, un jour dit au roseau... »

II. — *Du Geste.* Le geste doit exprimer les sentiments et non les idées.

« Les orateurs du midi, dit M. Le Bidois, en particulier ceux de la côte d'azur, s'obstinent à nous montrer le ciel et la terre toutes les fois qu'ils en parlent. » — C'est à tort, paraît-il. Je dis « paraît-il, » car j'avais cru jusques à ce jour que le geste, précurseur de la pensée, devait la rendre avant même que la parole ne l'eût exprimée. Il est vrai que je suis du midi. — Pauvres méridionaux !...

Le geste est la peinture des pensées de l'âme, il représente les sentiments et la nature des choses que l'on dit.

Le P. Longhaye. le tragédien connu. dit que

le geste du causeur traduit le sentiment de son âme à propos de l'objet...

Bourdaloue avait une action excessivement vive. Il prêchait les yeux fermés — des gravures le représentent ainsi — ce qui, paraît-il, ne l'empêchait point de gesticuler.

Les anciens avaient étudié cette question du geste comme un art qui doit exprimer la vérité et le beau.

Les Grecs voulaient l'action plus belle qu'expressive. Nous, nous la voulons plus expressive.

Chez les Anciens, le corps tout entier était visible à l'auditeur, voilà pourquoi ils ont des règles non seulement pour la tête et les bras, mais pour le corps et les jambes. Ils frappaient souvent du pied...

La sobriété dans les gestes est une qualité. Ce n'est pas une réclame pour l'ouvrage de M. Hamand-Dammien : « *Du geste artistique.* » Mais j'ai eu l'occasion de lui dire — étant à son école — combien peu je prisais les centaines de gestes qu'il a livrées à l'étude du jeune orateur. A ceux qui ne sauraient que faire de leurs bras, M. Dammien sera certainement utile, quant à ceux dont les gestes sont naturels, ils feront bien de continuer à en appeler à la nature et à l'imprévu.

Je préfère à M. Dammien, M. Céalis de l'Odéon, professeur à Stanislas. Ses leçons sont meilleures, plus pratiques...

M. Céalis tient de la Comédie Française. A part l'exagération qui est le propre de nos grands artistes : Mounet-Sully, Paul Mounet, Silvain — moins Silvain que les autres, je les ai entendus au Trocadéro — à part donc ce défaut qui, au théâtre, doit être une qualité, M. Céalis *dit* à ravir...

Je dirai dans le Midi que j'ai eu, à Paris, toutes les indiscrétions, même celle de visiter de la cave au grenier l'Hôtel d'un propriétaire absent. Le mien était en Algérie. Mais — je me hâte de le dire — mon indiscrète curiosité était excusée par l'autorisation que m'avait octroyée, de la plus aimable façon, celle — la gouvernante — qui, depuis plus de quinze ans, se dévoue, sans compter, au service de son maître.

Donc j'ai sonné, ce soir, 3, passage Landrieu, à l'immeuble du Député d'Alger qui, à l'heure où j'écris ces lignes, est acclamé là-bas comme un triomphateur.

On entre, à droite, dans le salon. J'y vois un piano. M. Drumont aime la musique, comme il aime tous les arts. Une sœur et deux nièces qu'il lui reste, charment, à de rares intervalles, les très rares loisirs qu'il se donne...

L'ameublement est composé de fauteuils d'une valeur peut-être élevée. Je dis « peut-être » étant brouillé avec les âges anciens et les âges

moyens. Quelques tableaux m'ont frappé : une
Vierge et un Christ sur bois, une Cécile en extase, enfin quelques paysages offerts par les
auteurs à « l'ami Drumont. »

Sur la cheminée se silhouette le roi des Juifs...

Dans un coin, se cache un secrétaire. Dessus
est un vaillant. Debout, appuyé sur la garde de
son épée, l'air crâne : c'est le marquis de Morès.
Sur une console, se tient, comme il le peut, un
saint de bois : Saint-Sébastien. A côté de la
porte se dresse une statue de bronze : la Foi »!...

Sur les murs, des trophées étalent leurs devi-
ses, des palmes d'or et d'argent jouent avec
leurs reflets... Ça et là, des objets-souvenirs
parmi lesquels je détaille : une feuille très large
d'arbre, d'africaine mémoire, qui retient, avec
un soin jaloux, les vers qu'un poète lui a con-
fiés, à la gloire du député d'Alger; de riches
broderies aux multiples dessins; une plume
d'honneur, d'or toute massive; un plateau de
cuivre, travaillé et décoré avec les noms des
électeurs de la capitale Algérienne, etc...

Du salon on passe dans la grande bibliothèque. Encore des trophées: tricolores rubans aux
dédicaces d'or, drapeaux de fleurs qu'émiettent
les doigts du temps; gigantesques bouquets qui
conservent encore leur parfum dans leurs péta-
les désséchés !

A gauche, c'est la salle d'armes. M. Drumont
se bat plus rarement. Il nous a dit, maintes fois,

ce qu'il pensait des duels. Il fait encore de l'escrime pour combattre... l'obésité qui le menace.

Nous montons, je me recueille, on m'a parlé du cabinet de travail. Je pense à l'écrivain...

Nous y voici. C'est une grande pièce de forme circulaire. Un tapis rouge aux noires chimères court sur le parquet. Sur la cheminée, encore le Roi des Juifs... A côté, une bibliothèque qui me paraît fière des volumes qu'elle enserre. Je lis sur leur dos : « La France Juive », le « Testament d'un Antisémite », « Fourmies », « De l'Or, de la Boue et du Sang », etc. Entre deux fenêtres, se dessine un petit meuble de forme élégante. Sur deux lignes horizontales, sont captives des boîtes de carton. Sur la muraille qui fait face à la porte, deux Amis se regardent : Le Marquis de Morès et M. Drumont. Sur un secrétaire M⁰ de Martel (Gyp) tient compagnie à M⁰ˡˡᵉ Couesdon de la rue Paradis qui a failli devenir, dit-on, M⁰ Gaston Méry. Elle a toujours un air inspiré, mais semble plus occupée de montrer ses deux rangées de dents, blanches comme lait. Enfin, au milieu du cabinet, une table longue, surmontée d'un pupitre...

« Sur ce pupitre, m'a dit la gouvernante, à cette place — elle me la désignait — se tient ordinairement une petite statue de N.-D. du Bon Conseil ». — Oui, je vois bien la place, hasardai-je, mais je ne vois point la statue. « Ah! reprit-elle, c'est qu'à cette heure, elle est en Algérie. Monsieur l'emporte dans tous ses déplacements. Si vous saviez quelle dévotion il a pour la Sainte Vierge!... » — Et aussi, dis-je, pour le Sacré-Cœur, car je vois sur toutes les portes : « Arrête, le Cœur de Jésus est là ! » « Ah ! çà, repartit mon intéressante interlocutrice, çà, c'est le colonel, prédécesseur de Monsieur dans cet hôtel, qui avait fait placer ces images. Quand nous sommes arrivés, Monsieur n'a pas voulu qu'on les enlevât. C'est que Monsieur est religieux, allez !... »

J'en savais quelque chose. Tous les dimanches, à la même heure invariablement, j'aperçois M. Drumont coiffé d'un chapeau panama, un petit livre sous le bras et une canne grosse à la main, se diriger vers l'Eglise de Saint-Pierre du Gros Caillou — sa paroisse — pour y entendre la messe... Récemment, il a fait cadeau à M. le Curé d'un magnifique tableau que lui avait offert Mᵉ de Martel.

Ainsi donc, pensai-je ensuite, c'est dans cet atelier que ce grand penseur cogne son ouvrage, c'est avec cette plume d'acier qu'il soulève les masses ! c'est au moyen de cette encre, distillée partout, qu'il fait entendre tous les jours son cri de guerre, son cri de haine, son cri de mort : « A bas les Juifs!... » Et je songeais tout haut, jusqu'à ce que la gouvernante, agréablement remuée par mes réflexions, me remit, à titre gracieux et de souvenir, l'image de l'écrivain. Je remerciai en m'éloignant de ce sanctuaire, ami du Génie, de la Charité et de l'Honneur!...

Je pénétrai dans la chambre. Elle est toute simplette avec son lit, sa chiffonnière et ses quelques chaises. Un grand Christ, une statue de N.-D. et deux ou trois tableaux en sont tout l'ornement.

M. Drumont se couche ordinairement entre minuit et une heure du matin. Il se lève à neuf heures. On lui apporte ses journaux qu'il parcourt au lit. Il en reçoit dix-neuf le matin et autant dans la soirée...

Nous montâmes ensuite aux bibliothèques du troisième étage. Dans la première, j'ai salué de vieilles connaissances : Gury : « sa Morale et ses Cas de Conscience »: Saint-Thomas: « Le Manuel Biblique » de M. Vigouroux: « Les Livres Saints et la Critique Rationaliste »: Mgr de la Bouillerie: l'abbé Bolo : « la Tragédie du Calvaire » (hommage de l'auteur), etc.

Avec ces ouvrages, j'ai trouvé une Bible et un grand nombre de livres de piété. Je pensais aux beaux articles que Drumont nous avait maintes fois donnés, tout imprégnés d'Écriture Sainte et... à ce vicaire, très apprécié de ses collègues, qui, un Vendredi-Saint, prêcha une Passion... avec le Directeur de la « Libre Parole. »

Les romans, dans la bibliothèque à eux réservée, attendent encore le coupe-papier...

En prenant congé de la gouvernante, je lui dis

combien j'étais satisfait d'avoir vécu, quelques instants, de l'intimité de M. Drumont. Et cela d'autant plus que personne n'est admis 3, passage Landrieu. M. Drumont ne reçoit que de six à sept heures à « la Libre Parole. » Il passe tout le reste du temps dans son cabinet de travail. Il sort quelquefois à onze heures, un peu avant son déjeuner. Mais il déambule, le plus souvent, dans son petit jardin que lui entretient son valet de chambre. C'est là qu'il fume, après ses repas, le cigare dont il nous parle parfois...

Tel est « l'intime » de celui qui compte déjà cinquante-cinq hivers. Je ne sais s'il a eu autant de printemps... A coup sûr, on pourra graver sur sa tombe : « *Explevit tempora multa* » il a rempli une longue vie!...

3 Mai, Mercredi.

Un tour aux Champs Elysées... Sur une chaise,
j'ai lu un discours de M. Paul de Cassagnac. Il
venait de le prononcer à Courtray (Belgique).

Non loin de moi, deux théâtres de Guignol
amusaient la gent enfantine et désœuvrée. On
suivait avec intérêt les exploits de Guignolet.

Un troisième théâtre de fantoches attirait plus
particulièrement le public. Tous les petits bons-
hommes s'en tiraient à qui mieux mieux, obéis-
sant, sans se plaindre, aux fils qui les mouvaient.
Je me suis laissé à faire comme les autres... Esope
jouait aux noix avec les enfants et un Evèque,
d'illustre mémoire, éprouvait plus d'un charme
devant le nez de Gnafron, au Guignol de Vichy...

J'ai terminé ma soirée au Trocadéro. On donnait une fête de charité, sous le haut patronnage
de dames ultra-mondaines. La duchesse d'Uzès
présidait le Comité.

La musique du 4e régiment d'infanterie, sous
la direction de M. Vivier, nous a donné une idée
du talent de son chef, en exécutant plusieurs
œuvres de sa composition.

Une comédie un peu humoristique, de Gali-
paux, a ouvert la matinée dans la légendaire
Salle des Fêtes.

Nous avons entendu ensuite « *l'Air de Sigur* »
chanté par une voix sonore et bien travaillée.
Je n'en doutais plus quand je lus sur le programme le nom de M. Muratet, de l'Opéra.

Un *Andante religioso*, de Francis Thomé,
interprété par trois violonistes, couronnées au
Conservatoire, avec accompagnement de harpe
et de piano, tenu par l'Auteur, ravit l'assistance
qui rappela longtemps les jeunes virtuoses émues
et quelque peu embarrassées...

Je signalerai aussi M. Fernand Depas, de
l'Odéon, qui nous a dilatés avec ses monologues
et surtout avec ses quelques « imitations » très
réussies. MM. Coquelin (aîné et cadet), Mounet-
Sully, Paul Mounet et Mme Sarah-Bernardt ont
été mimés de la plus spirituelle et vivante façon.

Le poème de Victor Hugo « *Le Triomphe* »,
avec adaptation symphonique de Francis Thomé, a été délicieusement récité par un personnage du Théâtre Sarah-Bernardt.

La deuxième partie a valu la première.

Des artistes de l'Odéon nous ont dit « *La
Grand'Mère* », de Victor Hugo. On ne leur a
pas ménagé les applaudissements, malgré le
mielleux exagéré de la trop tendre Emma Gemma.
M. Auguez, de l'Opéra, a chanté pieusement son
« *Jésus de Nazareth.* »

J'avais pris un billet de loterie à laquelle on
a procédé à l'issue de la fête. Mais l'« Automo-
bile » de huit mille francs et « l'Objet d'Art » de
M. Loubet n'ont pas été pour moi d'une agréable surprise. Ni elle, ni lui...

A relater une promenade « *ad limina* » au tombeau de Napoléon...

Je suis entré sous la Coupole des Invalides n'ayant pas assez d'yeux pour contempler...

Au milieu, une crypte circulaire, ouverte dans le haut. C'est là que se dresse, imposant, le tombeau du Grand Empereur, mort à Sainte-Hélène, dont les restes, comme on le sait, ont été transportés à Paris. Il a la forme d'une cuve antique. Il est fait d'un seul bloc de grès rougeâtre. Le pavé est une mosaïque, avec une gloire, une couronne de lauriers et des noms bien connus : Rivoli, Pyramides, Marengo, Austerlitz, Iéna, Friedland, Wagram. Moskowa. Tout autour de la crypte, douze statues de victoires, colossales comme le génie qu'elles symbolisent : six trophées, chacun de dix drapeaux pris à l'ennemi.

Dans les deux chapelles latérales, les monuments de Vauban et de Turenne, avec leur image sculptée dans la pierre. Plus près de l'entrée, à gauche, celui de Jérôme Bonaparte, roi de West-

phalie : à droite, celui de Joseph Bonaparte, roi
d'Espagne.

Un jour jaunâtre qui tombe des grands vitraux
dans le sanctuaire, donne à l'ensemble un aspect
de grandeur et de religion.

Derrière le Maître-Autel, ces mots que j'ai lus
en lettres d'or sur une plaque de marbre : « Je
« désire que mes cendres reposent sur les bords
« de la Seine, au milieu de ce peuple français
« que j'ai tant aimé. »

De chaque côté, deux sarcophages qui portent
les noms de deux favoris de l'Empereur : Duroc
et Bertrand.

Derrière le dôme, l'Eglise Saint-Louis décorée de vieux drapeaux. Celui de Madagascar est
rouge, au chiffre de l'ex-reine Ranavalo...

Quant aux intéressants Musées d'artillerie, je
n'ai fait qu'y courir...

Il me tardait d'aller au jardin d'acclimatation.
Enfin !...

J'ai commencé par rendre visite aux fleurs.
Elles m'ont parlé le langage que vous savez,
mais beaucoup, voyant que je n'étais pas du
métier, n'ont pas même voulu me dire leur nom...

J'ai préféré les oiseaux au multicolore plumage. Les perroquets m'ont fait fuir. Leur concert n'avait rien des « sonate » de Beethoven ou
des « quatuor » de Mozart.

Les ours furent plus complaisants. Ils ont exé-

cuté par devers nous plusieurs airs de contre-
danse... jusques à des tours de prestidigitation
qu'on leur demandait. Inutile de dire qu'ils s'en
tirèrent comme des ours...

La panthère cherchait quelque proie saignante.

Quant aux rois, aux lions des mers — j'ai nommé les phoques — mêmes réflexions que pour
ceux du Pôle Nord : les sales bêtes!... La gent
bambine allait le leur corner dans les oreilles.

Après les plantes et les oiseaux, j'allais voir
les poissons...

De là, j'ai fait le pied de grue devant le ballon
dirigeable. Quand le « lâchez-tout » retentit,
la torpille volante s'en est allée. Après avoir
fait plusieurs fois le tour d'une piste aérienne,
venant à se dégonfler sous l'action du vent,
elle est tombée sur la tête d'un arbre, très
étonné, sans doute, d'une pareille visite. Le
malheureux aéronaute en fut quitte pour la
peur et l'ennui de se débarrasser des branches
dans le bruit des rires que lui envoyaient les spec-
tateurs en liesse. Comme on le voit, le ballon
dirigeable est encore à diriger...

La foule s'est alors portée chez les Derviches.
Je me suis porté avec la foule.

Les religieux musulmans nous reçurent avec
des prières et... des danses — sacrées aussi probablement...

Les divertissements eurent leur tour. La plupart éteignirent de grosses chandelles allumées

dans le noir de leur palais buccal ; deux risquè-
rent leur langue sur un fer rougi au feu... Tout
cela accompagné d'instruments et de chants qui
me rappelèrent les mélodies des envoyés chinois
au Marquis de la Grenouillère : « Fo, Fo, chan-
tons Fo. » L'air était plus faux que le dieu dont
ils célébraient les louanges. La musique des
Derviches pouvait rivaliser en harmonie. Nous
partîmes, abandonnant nos doigts dans notre
tube acoustique...

La pluie nous surprit au retour. Il fallait voir
les cyclistes en jupes courtes ou en pantalons de
zouave! Trempées comme des poules... mouil-
lées !

La Chambre promettait d'être orageuse. Mon député-ami m'a introduit dès le début de la séance. Dans les tribunes et les galeries, le beau monde des grands jours. Au premier rang, le Sexe-Aimable...

M. Viviani a ouvert le programme de la Fête en demandant au Gouvernement la cause de certaines indiscrétions commises officiellement au profit d'une feuille publique — le *Petit Journal* — pour ne pas la nommer.

M. Krantz, le second-né ministre de la guerre, a répondu, aux applaudissements de la Gauche et de l'Extrême-Gauche. Pensez-donc, il venait de faire une victime nouvelle, toujours pour « l'Affaire » : le Commandant Cuignet. Cet officier châtié, livré aux Erynies de la discipline outragée, leur mettait la bouche en cœur...

M. Delcassé s'est défendu ensuite contre l'intraitable M. Lasies. Il ne faut pas demander à ce dernier ce qu'il pense du ministre des Affaires Étrangères. Il vous répondrait : « Petit homme, petit esprit, petit cœur, petit courage. » Il a tout de petit, en effet, à part son discours qui était long.

M. Lasies lui a succédé à la tribune. Jeune, les cheveux en brosse, des regards flamboyants, le verbe toujours haut, le geste énergique, on l'admire. Son esprit amuse. On l'écoute, excepté cependant lorsqu'il se laisse aller à sa violence littéraire. Alors les interruptions de l'Extrême-Gauche ne lui font point de quartier. Les rappels à l'ordre tombent sur lui, dru comme grêle, quand la censure ne vient pas au secours de la cloche présidentielle qui se fêle... Les électeurs du Gers ont là un rude champion. C'est le porte-parole de la droite...

M. Krantz a plusieurs fois jeté un câble de salut à son collègue des Affaires Étrangères qui, encore un peu, se noyait dans un Océan de contradictions...

J'ai vu à la tribune le phénomène Dupuy, qui connaît plus d'un tour. Ne se compromet que lorsqu'il veut, mais il ne veut jamais. Toujours sûr de lui-même. On sent son influence quand il pérore. Néanmoins, *de quoi demain sera-t-il fait?*... Ce soir, je me suis rappelé Bertrand et Raton. Il était Bertrand. Il a sauvé ce que Delcassé avait compromis.

Drumont a remis en mémoire son interpellation sur l'Algérie. Il commence à se faire à la tribune. Sa gouvernante qui, la première fois, faillit avoir mal au cœur en entendant son mai-

tre, sera bientôt plus forte. L'orateur n'égalera
cependant jamais l'écrivain. Il a quelque chose
de timide qui le gêne et qui gêne...

Je me trouvais, cette fois, dans la galerie A.
Un huissier, qui faisait la police, avait un nez
— j'en veux à tous les nez — oh! mais un nez!...
Cyrano aurait dit :

> « ...Voulez vous le mettre en loterie?
> « Assurément, Monsieur, ce sera le gros lot. »

« Un nez entre deux yeux étincelants », tel
est l'instantané du Prince de Condé, que nous
donne Jules Lemaître. « Un croc entre la lumière
blafarde de deux quinquets », c'est celui que j'ai
pris dans mon objectif. Encore un youpin!...

Le public ne doit point applaudir. Que dis-je?
il ne doit manifester aucun signe d'approbation
ou d'improbation. Un éphèbe s'est vu appréhen-
der — pour peu on le saisissait au collet —
par le propriétaire du nez sémite. Moi-même,
après une réflexion hasardée, j'ai vu le nez donner des signes de détresse. Il était moins rouge
que celui de M. Fabre, le sénateur, mais je le
trouvais aussi peu rassurant...

Avant-hier, un Curé du Midi — pour ses vicaires « très paternique », dirait le Cardinal Waugan — m'a causé la plus agréable des surprises.

Nous avons parlé du passé, du pays de Mireille, voire un brin des cigales !...

Hier, il est revenu et nous fûmes ensemble au Panthéon.

Sous le péristyle, nous trouvâmes Sainte Geneviève aux pieds de quelque géant qui ressemblait beaucoup au Roi des Huns et, d'autre part, Saint Remi, occupé à baptiser Clovis.

« On est prié de garder le silence et de rester découvert. » C'est une cédule qui le disait à la porte.

Nous passâmes devant les toiles fraîchement peintes. J'y ai lu des noms connus : Puvis de Chavannes, Cabanel, Maillot, Blanc. Tous les sujets sont religieux. De ci, quelques épisodes de la vie de Sainte Geneviève, de là les grandes lignes de l'histoire de Jeanne d'Arc et de Saint Louis. Comme on le voit, rien que des chrétiens de la Chrétienne France. Ce qui me fit demander à mon aimable confrère pourquoi la République n'avait fait peindre que des têtes de saints sur ces murailles. Quelque Danton, quelque Robespierre, quelque Gambetta ou quelque Reinach, y auraient-ils fait figure mauvaise ?

Il faut signaler, parmi tant de chefs-d'œuvre, une petite, ou plutôt, une grande horreur ! Où se trouvait jadis le Maître-Autel — car on n'a pas oublié que le Panthéon a servi d'église — s'élève maintenant la maquette d'une femme colosse dont les pieds touchent à la terre et la tête au ciel. Cette femme monstre, qui est peut-être la France, mais qui plus certainement est la République, à cause de l'air de famille, d'une main esquisse, sur sa tête, un geste vous invitant à un air de gavote et de l'autre tient une branche de laurier... A sa robe, s'accroche la mort recouverte d'un voile. Elle laisse apercevoir l'os de son nez et ce qu'elle a de macabre sur sa face aux abois. Devant le piédestal, un coq chante clair. A gauche, encore une femme, mais petite, petite celle-là. On ne sait trop ce qu'elle veut, ni ce qu'elle fait : *Péchère !...* Elle est si frêle, si mignonne aux côtés de la Monstre qu'on ne peut s'empêcher de songer à ces pauvres Lilliputiens autour de Gulliver !...

Aujourd'hui — toujours avec mon Doyen — j'ai couru Saint-Denis et Versailles.

La Cathédrale est la principale curiosité de Saint-Denis. Elle veille avec un soin jaloux, sur la sépulture de nos vieux rois de France.

Arrivés pour la première visite, un brave homme de garde nous promena à travers les dédales des tombeaux. Son pas était celui de Chopin, quand il écrivit sa Marche Funèbre. Seule, sa voix coupait le silence que nous faisions religieux, plein de respect. Je l'entends encore nous bémoliser : « La famille de Saint-Louis... Louis XII et Anne de Bretagne. Voyez, ils sont représentés, au-dessus, dans l'attitude de la prière... Voici Henri II et Catherine de Médicis. Ce monument est un chef-d'œuvre. tout de marbre, orné de statues de bronze... »

Nous suivîmes le gardien dans la Crypte. Avec le même trémolo dans la voix. il nous dit : « Ici, c'est un caveau... Regardez... Les cercueils que vous apercevez sont ceux qui contiennent les restes de Louis XVI, de Marie-Antoinette. du duc de Berry, de Condé... »

Autour de la Crypte, se trouve un certain nombre de sculptures d'une antiquité douteuse. Quelque part une statue de Louis XVI et de Marie-Antoinette. Loin de là. quatre colossales effigies représentant la Religion, la Force, la France et la Ville de Paris...

En remontant, à gauche de l'Autel, dans la nef latérale, le guide reprit son diapason et nous psalmodia le reste de ses litanies : « Le tombeau

de Duguesclin... celui de Blanche et de Jean...
de François... Tous ces mausolées, jadis, étaient
ornés, pour la plupart, de statues de bronze.
L'Empereur les prit pour en faire des canons... »

Sur ce, notre cicerone nous conduisit à la sacristie pour nous montrer le trésor...

J'ai préféré celui de N.-D. de Paris. Je vois
encore le manteau impérial de Napoléon Ier, le
même qu'il portait quand Pie VII mit sur son
auguste front la couronne des Français. Je me
rappelle la soutane criblée de balles que laissa
Mgr Affre sur les barricades et celle de sang
toute maculée, que Mgr Sibour avait à l'Autel
quand il fut poignardé par son prêtre interdit.
Celle de Mgr Darboy, fusillé par les commu-
nards, m'avait ému tout autant. Et je ne parle
point de la Couronne d'Epines et du Clou de la
Passion que le Chapitre métropolitain garde
envers et contre tous, à travers toutes les révo-
lutions...

La Cathédrale de Saint-Denis depuis quatre
ans est devenue Eglise paroissiale. Elle occupe,
selon la tradition, l'emplacement d'une chapelle
bâtie au troisième siècle, sur le tombeau même
de Saint-Denis. Les sépultures qu'elle arrache
aux mains sacrilèges du temps et des émeutes
lui donnent un air de nécropole. Le décor est
saisissant et les pages d'autrefois qu'on évoque
vous font regretter les beaux siècles de nos aïeux.
C'étaient mes réflexions...

Notre pérégrination funèbre accomplie, nous allâmes déjeuner à Paris, puis voile sur Versailles...

Mon Doyen tout aimable n'eut aucune expression pour traduire sa surprise et son extase, à la vue du Parc et des Jardins qui devaient être une copie de celui et de ceux des Filles d'Atlas. J'avoue que mon vocabulaire admiratif n'était ni plus riche, ni plus fécond...

Descendus jusques aux coursiers marins du Grand Neptune, nous remontâmes par le bois, à travers les sentes de parfum embaumées. « Ah! si les ifs pouvaient parler? » me dit mon cher Curé qui songeait un tantinet à Louis XIV et à La Vallière. Nous les interrogeâmes, mais de nos questions ils n'eurent cure! Comme ils gardaient tous leurs secrets d'Etat! — Plus discrets que les marches de marbre rose de Musset!.. dis-je sans élever la voix.

Du Parc, notre curiosité nous porta dans les Musées. Galeries de l'histoire, galeries des tombeaux, salles des croisades aux magnifiques blasons, salles des guerres de Crimée et d'Italie, tout défila longtemps sous nos regards émerveillés!...

Les appartements du Roi étaient ouverts. Nous y fûmes aussi. Dans la chambre du Grand Louis nous foulâmes avec respect le parquet luisant. La décoration et l'ameublement sont encore du XVIIe siècle. Une balustrade d'or précède le lit. Nul n'avait le droit de la franchir. C'est là que Louis XIV mourut, après soixante-douze ans de règne.

La pièce attenante est la fameuse salle de « l'Œil-de-Bœuf » où les courtisans attendaient le lever du Roi. Elle est ainsi appelée, à cause de l'ovale fenêtre qui s'y trouve.

A la suite, la première antichambre, la salle des gardes, l'escalier de marbre, les appartements de la Reine...

Je mentionnerai encore la galerie des glaces — la plus belle.

Nous terminâmes nos visites par la Salle du Congrès. Il y a huit cents places, dans l'hémicycle, pour MM. les Sénateurs et Députés, et huit mille, paraît-il, pour le public aux deux étages. Nous avons vu celle qu'occupaient Thiers, Gambetta, Carnot, Casimir et Faure au Congrès qui les désigna « Chefs du Pays de France ».

Une cloche nous cria de sortir. On fermait. C'était cinq heures.

Trois évènements ont marqué cette journée : les funérailles de Francisque Sarcey, l'élection de M. Deschanel à l'Académie Française et la grève des facteurs.

Joli ce parallèle de Gaston Méry : « M. Deschanel est le type du parfait ambitieux, toujours à l'affût des honneurs ou des fonctions. Sarcey, au contraire, était le type du sage dédaigneux de l'apparat et des distinctions. Tout le monde lisait Sarcey, personne n'a lu Deschanel. Deschanel fait sa cour aux hommes de tous les partis, Sarcey a toujours vécu très jaloux de son indépendance.

Deschanel a l'esprit comme le vêtement : tiré à quatre épingles, Sarcey était l'homme de la bonne franquette, au moral comme au physique... »

Les ouvrages du nouvel académicien sont peu nombreux : « *La Question du Tonkin, la Politique Française en Océanie, les Intérêts Français*

*dans l'Océan Pacifique, Hommes d'État, Figures
de Femmes, Figures Littéraires, Discours Patrio-
tiques...* »

Cette élection — interrogez M. Faguet —
est celle que le mérite littéraire ne suffit pas à
expliquer...

Le troisième évènement est la grève des deux
mille facteurs. Paris sans lettres ! Gare les ban-
quiers, les industriels et... les tendres amis ! Ils
ont deux mille francs d'étrennes au premier
Janvier, les facteurs. Je tremble pour elles, surtout pour eux.

Des fonctionnaires en rébellion ? Sous la Monarchie passe ! mais sous la République ? A
moins que la République pour çà, comme pour
ci, soit une Monarchie...

Une partie de l'École des Carmes a émigré aujourd'hui, à Chartres, avec le pèlerinage de la paroisse Saint-Sulpice. J'étais de cette partie...

La ville n'a point de « great attraction ». De mouvement pas. En arrivant de Paris, la solitude paraît plus grande encore. Mais ce n'est pas la ville ni ses rudimentaires monuments qui attirent à Chartres les étrangers. C'est sa Cathédrale, sa vieille Basilique !...

Avant l'Ère Chrétienne en ces mêmes lieux où se dresse splendide le Temple aux pyramides élancées, une forêt sainte ombrageait la vieille cité des Carnutes. Il y avait, au centre, une grotte mystérieuse. Les Druides, éclairés par une lumière surnaturelle et comme remplis de l'esprit d'Isaïe, y élevèrent une statue de bois avec cette inscription devenue célèbre : « *Virgini paritura* » à la Vierge qui doit enfanter.

Plus tard, durant les premiers siècles du Christianisme, on y construisit une modeste Église, mais les Césars des persécutions se chargèrent de l'incendier. A la paix de l'Église de nouveau réédifiée, elle fut détruite par les Normands (858). A peine relevée de ses ruines, alors qu'elle ne redoutait plus le feu des ennemis, celui du ciel la consuma à son tour et ne laissa que quelques débris fumants et calcinés (1.020). Enfin, vers le milieu du XIIe siècle on jeta les fondements de ces deux admirables clochers qui formeraient, selon un vieil adage, avec le chœur de Beauvais, la nef d'Amiens et le portail de Reims, la plus belle cathédrale du monde. Cette basilique nouvelle devait subir le même sort que ses devancières. En 1194 elle devint la proie d'un terrible incendie. Un clocher seul resta debout, avec les cryptes qui demeurèrent intactes...

La chevaleresque et croyante cité chartraine voulut néanmoins avoir le dernier mot — quelle Foi que la Foi de nos Pères ! — et la cathédrale que l'on voit aujourd'hui date de cette époque (1260). Et son sanctuaire béni est devenu le plus fameux. Les Saints, les Pontifes, les Rois, les Princes, les gens du peuple qui depuis 1500 se sont succédé attestent sa miraculeuse renommée.

M. Félix Faure, l'an dernier, presque à pareille époque, y accompagnait secrètement les siens. M. Clerval, le docte Supérieur de la Maîtrise Épiscopale, professeur d'Histoire, très goûté, à l'Institut Catholique de Paris, a servi lui-même de guide à M. le Président de la

République. Encore un peu, il lui soufflait :
« M. le Président continue, sans doute, les traditions glorieuses de ces augustes prédécesseurs. » Louis XIV — pour n'en citer qu'un —
y était venu vingt fois.

Nulle part, on ne voit une crypte aussi vaste
et un monument aussi magnifique dans son
ensemble et ses détails. Depuis le IVe siècle
dont on aperçoit encore quelques vestiges dans
la crypte inférieure — il y en a deux — jusques
au XVIIIe siècle, tous les styles sont représentés...

Sur le Maître-Autel, on remarque une Assomption. La Vierge et les Anges qui la soutiennent
sont de marbre. On leur reproche leur minois
trop fin et leurs formes!... Un bonnet phrygien
dont un catholique militant avait coiffé la Madone,
un jour d'émeute, a sauvé le « groupe » des révolutionnaires fureurs. On a vu aussitôt la Déesse
Raison et la Vierge fut respectée comme telle...

On vénère deux statues miraculeuses dans la
Basilique : N.-D. de Sous-Terre et N.-D. du
Pilier. La première est dans la crypte supérieure,
la seconde dans l'Eglise, à droite de l'Autel.

Dans une châsse d'or on conserve pieusement
un voile qui aurait appartenu à la Sainte-Vierge.
On montre aussi aux pèlerins une navette —
petite nacelle de nacre sur un pied de vermeil,
pour laquelle Rothschild offrit, naguère, soixante
mille francs ; — une clef d'or — la clef du Sémi-

naire Saint-Sulpice — que M. Ollier a confiée aux soins de N.-D. de Chartres...

L'aspect de la Basilique — du dehors ou de l'intérieur — est des plus merveilleux et des plus consolants. « Que l'Athée y serait mal à l'aise ! » disait Napoléon, en lui payant son tribut de louanges.

Nos pèlerins ont prié avec ferveur...

A la messe, un vicaire de Saint-Sulpice a pris la parole. Dans le plus imagé des langages, avec le plus oratoire des accents, il nous a dit ce qu'un pèlerinage était. Je félicite le sulpicien. Et d'autant plus que ce fils de M. Ollier — M. Clou — n'a pas la réputation des Ollivier, des Etourneau et des Coubé. Mais il pourrait — c'est mon avis — rivaliser sur le dernier avec une supériorité évidente.

Les Enfants de Marie, revêtues de leur costume de cérémonie, — une robe bleue et un voile blanc, le tout criant la campagne — nous ont chanté, avec une partie de la Maîtrise de Saint-Sulpice, des cantiques très pieux.

A cinq heures, nous quittions la Madone de Chartres...

Le voyage durant, j'ai remarqué une jeune dame, très distinguée, récitant son petit office de la Sainte-Vierge. A ses côtés, son mari, plus distingué encore, lisait un chapitre de l'Imitation. La foi, n'est pas complètement morte à

Paris. On rencontre bien autour de Saint-Lazare et ailleurs ce que Jules Lemaître appelle : « la chiennerie élégante », mais il y a aussi, comme on le voit, « la piété élégante ». Et ça repose...

Roulant toujours vers la capitale, j'évoquais le passé. Je comptais dans mon souvenir les grands sanctuaires dédiés à Marie que j'avais eu, jusques à ce jour, l'heur de visiter.

C'était N.-D. de la Garde, debout sur sa colline avec sa vue sur Marseille et sa Vierge qui sert de phare aux matelots attardés dans les brumes et les tempêtes.

C'était N.-D. de la Salette sur le flanc de sa verte montagne. Je vois encore sa Madone qui pleure. J'assiste à son triste entretien avec Marcelin et Mélanie...

Puis, comme note gaie, les figures amies que j'ai esquissées déjà. Je les aperçois se silhouettant d'elles-mêmes sur ces petits sentiers qui s'amusent le long de la montagne. Vous savez, l'abbé Philippe, Christiane, Denise, tante Lucienne surtout!... Ils m'apparaissent tour à tour sur la scène riante de ce théâtre si gentement posé dans la nature. Christiane interroge les fleurs, Denise répond au babil des oiseaux, l'abbé Philippe devise gravement, tante Lucienne écoute avec la même gravité...

On s'était connu à la Grande Chartreuse. Je m'en souviens. C'était au retour d'une ascension — intéressante entre toutes — celle du

« Grand-Som » où j'avais piétiné la neige pendant que les épis jaunissaient là-bas. Nos mulets nous avaient laissés, ne pouvant avancer... De chemin, plus. Le blanc manteau des rigoureux hivers couvrait tout. Il faisait froid. Nos guides nous traînaient...

Un autre souvenir, pour obéir à l'assimilation des idées.

... La nuit allumait ses étoiles dans le ciel. Nous serpentions le Mont Ventoux. Encore des silhouettes qui me resteront : celle d'un Supérieur qui n'a qu'à se faire connaître pour se faire aimer; celle d'un professeur très versé dans les Sciences qui nous servait de Joanne ou de Bœdecker; celle d'un Intellectuel — dans le sens vrai du mot — voué aussi à l'Enseignement, calme d'ordinaire, mais qui, cette nuit, n'avait que noires intentions — il parlait toujours de précipiter quelqu'un; — enfin, celle de deux bons amis... Nous allions, seuls, souvent silencieux, laissant nos regards errer dans la montagne. La lune sur nos têtes, nous montrait le chemin, avec les bois aux chênes séculaires, les côteaux aux senteurs de lavande, les ravins où ne bruissait aucun filet d'eau... Heures délicieuses! Les vers du poète me chantent encore dans la mémoire :

> Oh ! l'admirable nuit dans la clarté stellaire.
> Le chariot guidé par l'étoile polaire,
> Flamboyait dans le ciel d'un azur ravissant !

nous arrivâmes à nos dix-neuf-cent-huit mètres d'altitude, peu avant le lever du soleil.
Nous avions assisté au coucher de la lune. Nous
la vîmes se baigner dans les eaux de la grande
mer, puis nous fausser brusquement compagnie.
Pendant ce temps, deux profanes humains, au
fond de notre coche, se laissaient bercer dans
les bras de cette dive qu'on appelle Morphée.
Une voix — railleuse Dieu sait! — leur criait
bien parfois : « Mais venez donc lire dans le
livre de la Nature! » Allez lire avec des yeux
fermés!...

Au Col des Tempêtes nous attendîmes le lever
de Phébus. L'abîme était insondable. Je me
plaignais du vertige, pendant qu'un compagnon,
près de moi, s'exclamait du cri de Patachon :
« Pas un chat!... » Enfin à quatre heures vingt
minutes — c'était en juillet — le soleil fit son
apparition derrière le Pic des Écrins qu'il den-
tela d'une éblouissante lumière. Au loin, sur
les côteaux, au-dessus des vallées, planait une
gaze d'azur! C'était féerique!...

Je revins à la Salette, un peu étonné d'être
allé si longtemps par vaux et par monts...

Puis Lourdes s'esquissa à l'horizon de mes
pensers. Lourdes à la grotte noircie par les éter-
nelles clartés de ses cierges! Lourdes aux lumineuses théories dans les lacets de la montagne!
Lourdes aux paralytiques guéris, aux Madeleines
pardonnées, aux foules délirantes!

Le Gave en susurrant passe devant la roche miraculeuse et l'églantier fleuri. Les voyageurs venant de Pau ou y courant saluent la Vierge de plâtre qui, dans la nuit, brille de mille feux, faisant songer à cette robe couverte de broderies et de pierres précieuses dont parle le Prophète. Quand les cloches tintent leur Angelus, les petites pensionnaires des couvents voisins viennent, sur la pelouse, égrener leurs chants avec leurs chapelets !...

Fourvières, à son tour, me donna une idée de ce que pouvait être le Temple de Salomon. Je voyais ses flèches perdues dans le brouillard, puis son ombre descendre sur la cité lyonnaise en un clair jour d'été... Ah! ses ors, ses marbres, ses mosaïques, toutes ses richesses! Et ses Anges, aux ailes repliées, tenant dans leurs mains un livre ouvert que remplit, en lettres dorées, une invocation à la Reine du Ciel!...

N.-D. de France se montra aussi sur sa pointe rustique.

J'ai fait l'ascension de la Vierge de bronze. A une fenêtre, j'ai humé la brise. De la terrasse, aux étoiles ruisselantes d'or et de lumière qui dessinent sa couronne, j'ai longtemps contemplé « Le Puy » dans son trou pittoresque.

Puis, c'est un petit vallon que j'ai vu. Dans le fond, sur les pieds d'une colline, est sise une modeste Eglise, avec sa tour carrée à la chaux toute blanchie : N.-D. de Laval !

A quelques lieues d'Alais, c'est le pèlerinage des humbles. Les ouvriers y vont en nombre. Beaucoup lui doivent quelques bribes de consolation, un miracle. Si le Bon Dieu avait besoin d'un peu de réclame pour sa Mère, j'en ferais !... Et le curé, dont on loue le zèle à la ronde, ne m'en voudrait pas.

Enfin, N.-D. des Victoires que j'avais visitée la veille et où j'avais rencontré le P. Didon et son collège d'Arcueil a été le dernier anneau de cette chaîne de souvenirs...

On jugeait, hier, le procès Deroulède-Habert.

Tout le monde a entendu la belle déposition du général Hervé. Et la mémoire de cette héroïne, venant enrôler son fils sous les drapeaux de 70, fera vibrer longtemps les fibres du patriotisme.

« Général, vous avez déjà mon fils Paul, voici
« l'autre, André ! Je vous le confie ! Si j'en avais
« un troisième il serait également ici... » Quelle mère ! France !...

L'acquittement, on le sait, fut prononcé et les journaux ont parlé assez de la frénétique admiration qui courut le peuple de Paris à la nouvelle que les jurés n'avaient point voulu briser le clairon du patriote.

Coppée avait chanté le héros. J'ai sa pièce sous les yeux.

Au prisonnier de la Conciergerie

Ils t'ont mis toi, soldat, dans le cachot de Hoche,
Toi, qui saurais dompter la Terreur toute proche,
    Dans la prison des Girondins ;
Et Saint-Louis peut voir qu'en son palais gothique
On tient captif, sous la troisième République,
    Le dernier de nos paladins.

Mais ils songent aussi que cette tour fermée
Contient l'immense espoir d'un peuple et d'une armée,
    Ils en frissonnent dans leur peau :
Et le factionnaire, un fusil sur l'épaule,
Qu'on voit marcher devant la porte de ta geôle,
    Sait bien qu'il nous garde un drapeau !...

10 Mai 1899.

J'ai salué, ce matin, le rapide passage de nos
vaillants d'Afrique. J'ai vu le Tout-Paris sur les
quais et les boulevards. Marchand, dont le nom
est synonyme de courage, arrivait avec ses Bara-
tiers...

Nos officiers, à fière allure, escortaient le landau de ce brave. Les fleurs tombaient à profusion. Une foule en délire s'attelait à son char de
triomphe. On aurait dit César porté au Capitole.

Des enfants sur les arbres, des grappes hu-
maines pendues aux fenêtres et aux balcons, tous
frémissaient des mêmes impressions. C'était l'âme
de la France qui s'exhalait dans ce cri universel :
« Vive l'Armée !... »

« Allons chercher Reinach, clamait-on près de
« moi, qu'il voie de quel côté sont les vrais fils
« de France ?... » Et l'on scandait : « Vive
Marchand !... Vive l'Armée !... »

Ah ! la foule ! la foule !... J'écrirais volontiers
comme quelqu'un . « C'est pressé, culbuté, boulé,
« entraîné par elle qu'on peut apprendre de quoi
« elle se moque et pour qui elle s'enthousiasme.
« Quoiqu'en disent les délicats, la foule c'est le

« vrai Paris!... » « Car elle est pétrie de jugeotte
« — lorsqu'elle est de sang-froid — a dit aussi
« avec raison Me de Martel, cette foule que l'on
« représente volontiers aveugle et brutale. Elle
« a, mieux que quiconque, le sentiment des
« nuances, et elle n'est pas reconnaissante pour
« deux sous des sacrifices accomplis dans le but
« intéressé de la conquérir... »

4 Juin, Dimanche.

Il y avait fête aux Carmes ce matin : la procession du Saint-Sacrement...

On appelle, à Paris, « les Carmes » — il est temps de le dire — l'ancien Couvent des Carmes déchaussés. C'est là que se trouvent aujourd'hui l'Institut Catholique et le Séminaire de l'Institut.

L'Institut Catholique est le siège des Facultés Canoniques : (théologie, philosophie et droit canon); des Facultés de Lettres et de Sciences.

Quatre-vingts professeurs sont attachés à ces diverses Facultés, parmi lesquels des sujets d'une valeur et d'une réputation incontestables :

M. Branly, docteur ès-sciences physiques, agrégé de l'Université, professeur de physique; M. de Lapparent, membre de l'Institut de France, professeur de mineralogie et de géographie physique; Le Bidois, licencié ès-lettres, Maître de Conférences; Jacquet, docteur ès-lettres, chargé du Cours de littérature française; L'abbé Piat, docteur ès-lettres, agrégé de l'Université, professeur de philosophie moderne; M. de Lamarzelle, sénateur, docteur en droit, professeur d'Économie Politique; M. Jules Jamet, avocat à la Cour d'appel de Paris, docteur en droit, professeur de code civil; l'Abbé Nau, docteur ès-sciences

mathémathiques, licencié ès-sciences physiques, professeur
de mathématiques spéciales ; les abbés GIAT, LEJAY,
RAGON, LECHATELLIER, P. BAUDRILLART, agrégés de
l'Université ; les abbés HAMONET, CLERVAL, docteurs ;
VIGOUROUX, PP. AURIAULT, DE LA BARRE, etc., etc.

Le Séminaire de l'Institut ou Ecole des Carmes
se trouve dans le Couvent proprement dit. C'est
un vieux bâtiment qui tomberait volontiers sous
le marteau des démolisseurs. On y songe...

En attendant, c'est là que logent ou se nichent
au petit bonheur les quatre-vingts ecclésiastiques venus à Paris pour travailler et prendre leurs
grades. Les candidats à la licence ès-lettres y
sont les plus nombreux. La théologie s'y ennuie
— ses étudiants sont clair-semés. — C'est le
Séminaire Saint-Sulpice, et les Maisons de Saint-
Jacques et de Saint-Jean qui fournissent le contingent des Facultés Canoniques. Je ne parlerai
pas de ce contingent, j'aurais l'air de faire de la
mauvaise réclame. La maison Saint-Jacques est
l'asile des Diacres du Séminaire Saint-Sulpice,
devenu trop étroit pour recevoir les sujets,
toujours plus nombreux, qui demandent une
place. La maison Saint-Jean est la pépinière des
Sulpiciens...

Le Séminaire de l'Institut est aussi dirigé par
des Prêtres de la Compagnie de Saint-Sulpice.
A sa tête est un Supérieur, bien connu par ses ouvrages et les retraites pastorales qu'il prêche
chaque année. Je l'ai déjà nommé dans mon jour-

nal : M. Guibert. C'est un homme d'une grande valeur. Il se distingue par une rare distinction et un jugement plus rare encore. Très apprécié est, aux conférences spirituelles, son cours de péda-gogie. Les Evèques peuvent lui envoyer les pro-fesseurs de leurs collèges...

Les Directeurs de l'Ecole sont : M. Guillemon, auteur d'un livre d'oraisons et chargé du service de l'Eglise des Carmes, et M. Bettembourg, éco-nome de la Maison Ecclésiastique.

L'Eglise des Carmes est — comme son nom l'indique — l'Eglise du vieux couvent. Elle date du commencement du XVIIe siècle, et serait, dit-on, la première du royaume, bâtie en l'hon-neur de Saint-Joseph.

Les offices y sont célébrés tous les dimanches et jours de fêtes. Ils sont suivis d'une instruc-tion que donne ordinairement le Supérieur de l'Ecole. Un grand nombre de messes basses y sont dites tous les jours par les prêtres du sémi-naire. La plupart des étudiants, au début de l'année, reçoivent de M. Guibert la charge d'une aumônerie. En entrant, j'ai eu moi-même la mission d'évangéliser, tous les dimanches, un couvent d'orphelines, dirigé par les Sœurs de Saint-Vincent de Paul, rue de l'Université. Ce qui m'a rappelé les Filles de la Charité d'une maison militaire et d'une ville des bords du Rhône dont j'ai gardé le meilleur souvenir.

L'Ecole des Carmes jouit d'un immense jardin. Au sein de la capitale on devine les avantages qui peuvent en résulter pour les heureux pensionnaires. Pendant l'hiver, on y va chercher un rayon de soleil et pendant la saison chaude, on y prend l'ombre du hêtre de Tityre, tout en laissant à ce virgilien personnage son chalumeau et ses airs champêtres...

Ce Jardin et l'Eglise sont tristement célèbres. On rêve, sans le vouloir, aux pages sanglantes de la Révolution.

C'était le 10 août 1792. On arrachait les ecclésiastiques à leur domicile et on les traînait devant le Comité de la Section du Luxembourg qui siégeait au Séminaire Saint-Sulpice.

L'histoire nous garde encore les noms de Mgr Duleau, archevêque d'Arles, et de Mgr de la Rochefaucault.

Le 11 août, à dix heures du soir, quarante prêtres — les quarante martyrs de Sébaste — refusaient de prêter serment et étaient jetés, pieds et mains liés, dans l'Eglise des Carmes. Défense de communiquer entr'eux et de prier. Mais libre d'entendre les abominables sacrilèges que crachaient les bourreaux en psalmodiant des lambeaux de l'office des morts...

J'ai vu le petit escalier du jardin où ces vaillants et tant d'autres tombèrent ! « *Hic ceciderunt.* » Une planche rappelle le souvenir de l'horrible fusillade...

Mais parlons de la Fête de ce matin. Les antiques murailles et les arbres âgés en durent tressaillir d'aise !

Dans la première cour, un reposoir, de fleurs garni, s'élevait à la mémoire du Sacré-Cœur. Au fond du jardin, la Vierge des Carmes avait repris sa place des années précédentes dans la verdure et les lumières.

Avant la procession, Mgr Péchenard chanta la messe. L'orchestre des jeunes aveugles et des petits éclopés des Frères de Saint-Jean-de-Dieu y fit entendre de douces harmonies. Le chef, officier de la Légion d'Honneur, a droit à beaucoup d'éloges. Je le lui ai dit. Je fus chargé, à l'issue de la cérémonie, d'essayer, dans des pâtisseries, les dents de tous ces infortunés...

La charité, à Paris, se fait sur une grande échelle. M. Maxime Du Camp a déchiré, on le sait, bien des voiles discrets. Et Jean de Bonnefon, le littérateur de sacristie — je ne dis pas cela pour déflorer sa rhétorique, il écrit très bien — nous a fait lire, on s'en souvient, un article vibrant d'émotions, sur le dévouement de ces jeunes veuves du monde, qui ensevelissent dans un Hôpital de Paris, et leur nom, et leur fortune, et les charmes de leur personne, pour soigner les cancéreuses ou toute autre malade sans espoir de guérison ! On n'est admis, en effet, auprès de ces nobles créatures que sur le certificat du médecin constatant qu'il n'y plus qu'à se laisser mourir !...

Ainsi je trouve Daudet un peu méchant de

dire « que pour beaucoup de femmes du monde,
la charité même est un sport. »

La province recourt souvent à la capitale,
comme si la capitale n'avait pas assez de ses mi-
sères! Ce pauvre curé qui nous tendait une main
timide à Gavarny, au nom de ses Écoles, devrait
essayer d'une fête au Trocadéro ou de la généro-
sité des parisiens. Celui de Cauterets, que j'ai vu
indécis l'an dernier, s'y est résolu tout récemment...

La procession fut ce qu'elle devait être : belle!

Le cortège formé par plus de cinquante prêtres en chasubles blanches et rouges; les quelques élèves du Collège Bossuet qui remplissaient autour du Saint-Sacrement les fonctions
du jeune Samuel auprès du Grand Prêtre Héli;
la fanfare des petits aveugles qui envoyait ses
notes aux échos du vieux manoir; la foule des
curieux, profondément recueillie sur le passage
de Celui qui porte écrit sur sa ceinture : Roi des
Rois, et Seigneur des Seigneurs; jusques à cette
joyeuse cloche des Carmes qui balançait dans le
soleil sa lumineuse et douce chanson, tout a
donné à notre fête ce charme qui rappelait les
charmes d'antan!...

J'ai rencontré, ce soir, M. Loubet. Il allait à
Auteuil — et moi à Saint-Honoré-d'Eylau, entendre le P. Oilivier.

C'est à l'Arc-de-l'Etoile que j'appris la nouvelle du passage du Président. Il se rendait aux Courses, les dernières de la saison...

Le joli M. Deschanel passa dans son landau. Il se dirigeait vers le Bois-de-Boulogne où l'on se battait à coups... de fleurs. Le Président de la République, à force de se faire attendre, a fini par montrer sa daumont et son « haut de forme. » Gentil le Monsieur de Montélimar. M. Dupuy et le général Bailloud lui faisaient escorte.

Les journaux nous ont conté, le soir, sa réception à Auteuil. Comme à son retour de Versailles, les acclamations ont retenti menaçantes. Un gentleman, M. de Christiani, a levé sur lui sa canne. Et le chapeau aux huit reflets a préservé — peut-être d'un coup mortel — la première tête du Pays! L'infortuné Président en a été quitte pour la peur et une fuite effrénée jusqu'au Palais, bien gardé, de l'Elysée. On s'attendait, un moment, à sa démission. Allons donc! Les parisiens ne sont pas de Montélimar...

Le P. Ollivier, à Saint-Honoré-d'Eylau, m'a plus intéressé.

J'ai vu, pour la première fois, l'éloquent dominicain à N.-D. lors des funérailles de Mgr Clari. J'avais une place à ses côtés. C'est mon voisin de droite, un prêtre de Paris, qui l'avait désigné à mes regards occupés à compter les boutons d'or des diplomates...

Le P. Ollivier est dans toute la force de son âge et de son talent. Mais il est nécessaire qu'on vous le montre et qu'on vous dise comme à moi : c'est lui!

« En chaire — beaucoup le disent comme ce « personnage des dialogues de Fénelon — c'est « un homme admirable: si vous l'aviez une fois « entendu, il vous dégoûterait de tous les au- « tres. » C'est exagéré...

Le P. Ollivier ne fait pas merveille!... Quand il est disposé « il a des élans de Lacordaire, me « disait quelqu'un qui le connaissait bien. S'il « avait continué ses conférences à N.-D. on aurait « vu les auditoires d'antan! » — Mais voilà, le gouvernement..., hasardai-je. « Oh! non, reprit « mon interlocuteur, le P. Etourneau était le « successeur désigné de Mgr d'Hulst. Seulement « l'allocution que vous savez a précipité les évè- « nements... »

Le P. Ollivier ne cherche pas à plaire, quoiqu'il y arrive. Il veut toucher, persuader, enlever...

Si Cicéron se troublait parfois dans son action, le P. Ollivier ne se trouble jamais. Il trouble quelquefois. On se rappelle la pauvre Margue- rite...

Il n'aime pas à être dérangé. La noble personne qui vint, un jour, le sermon commencé, s'en souvient : « Madame est en retard, dit l'orateur « ennuyé, elle vient, sans doute, de prendre « son petit chocolat? » Elle : — Oui, mon

père, avec un petit croissant de deux sous...
Je ne n'ai pas entendu le dialogue, mais on le
garantit.

Le P. Ollivier aurait un brin d'originalité.

A Saint-Honoré-d'Eylau, le dominicain a été
l'orateur sacré. Il n'a pas eu les envolées que
j'attendais. Les circonstances, comme l'auditoire, s'y prêtaient, mais le temps qu'on lui avait
déterminé n'était pas suffisant pour nous développer une de ces magistrales idées où l'orateur
est lui-même.

L'abbé Frémont peut, seul, rivaliser avec le
P. Ollivier, d'aucuns disent avec avantage.

Le P. Feuillette « si petit pour un arbre qui
grossit chaque jour », sait captiver son auditoire.
Mais c'est l'écrivain qui parle et qui plaît.

Pour le moment, je n'en placerai qu'un avant
le P. Ollivier : M. Brunetière!...

De retour, je me suis égaré au milieu de la
foire des Invalides...

Les Montagnes à la Russe appelaient la gent
amie de l'Alliance; les chevaux tournaient: des
lutteurs luttaient: les machines sifflaient; des
orgues geignaient les airs de turluraines: quelques violonistes en rupture de ban amusaient
les loisirs des Sans-le-Sou: des lions et des tigres
faisaient signe aux Tartarins. Comme aux votives
fêtes de province, le peuple se dilatait. Tout à
la villageoise... était!...

La journée est splendide. C'est le cas d'écrire avec Anatole France : le printemps est survenu tout à coup, avec son galant équipage de lumière, de tendre verdure et de chants d'oiseaux. Il est vrai que c'est aujourd'hui la fête de Saint-Médard, le saint qui exerce une si grande influence sur le baromètre. On connaît le proverbe :

> S'il pleut le jour de Saint-Médard,
> Il pleut quarante jours plus tard.
> A moins que Barnabé qui vient trois jours après,
> Ne vienne lui couper l'herbe sous les pieds.

S'il pleuvait ce jour-là encore, il resterait une dernière espérance en Saint-Gervais et Saint-Protais.

> Si Médard et Barnabé, comme toujours
> S'entendaient pour te jouer des tours,
> Tu auras encore Saint-Gervais
> Accompagné de Saint-Protais,
> Que le beau temps va ramener...

Bref, il faisait beau et nous en profitâmes avec

deux confrères, dont un travailleur tout plein. Il est de quelque Saint-Maurice, dans la Meurthe-et-Moselle...

Le but de notre promenade était « les Gobelins » et « Saint-Cloud ».

Les Gobelins, on le sait, sont les manufactures de l'Etat où se tissent les fameuses tapisseries de ce nom.

On entre d'abord dans les Musées. C'est une collection des anciens produits. Au fond de la salle : « Louis XIV », qui fut sinon le fondateur de la manufacture, du moins celui qui l'établit dans la teinturerie des frères Gobelins, au milieu du XIIe siècle. Depuis, la réputation des merveilleuses tapisseries a fait son chemin...

Le métier à tisser est assez semblable aux métiers ordinaires. La petite partie du tableau dont s'occupe l'artiste est dessiné au crayon noir sur la chaîne. Le modèle est placé derrière lui. L'ouvrier est lui-même derrière la trame et a devant lui l'envers de la tapisserie.

La principale difficulté de ce travail, c'est le choix des nuances dans les laines. Il y a quatorze mille tons différents. Il faut, sans contredit, un œil exercé et une patience à toute épreuve. Les plus habiles font un mètre carré de travail par an. Chaque mètre coûte à l'Etat de quatre à cinq mille francs.

J'ai vu les ouvriers à l'œuvre. Et je n'ai envié ni leur sort, ni leur salaire...

De là, nous fûmes nous embarquer sur un bâteau parisien. Un coup de sifflet, et nous partons avec la Seine pour Saint-Cloud.

Nous descendons vers le Mont-Valérien et la forteresse de ce nom qui fut le témoin du drame que l'on sait : la mort du lieutenant-colonel Henry...

Saint-Cloud est une petite ville très agréable, particulièrement remarquable par son parc. Du bruit point, comme tous ces petits nids de verdure qu'on appelle la banlieue de Paris.

Son nom viendrait de Saint-Clodoald, petit fils de Clovis, qui y fonda un monastère. Ce qui n'est pas tout à fait de l'histoire contemporaine...

En montant au parc, on a une vue superbe. A gauche, est la caserne. Dans les cours, les petits soldats montraient au Général-Inspecteur, de passage, ce qu'ils savaient faire dans l'art de la gymnastique. Au loin, Paris et ses bêtises : la tour Eiffel et la grande roue...

Le Parc est un Versailles miniature. C'était la belle saison. La brise jouait avec le feuillage, les petits oiseaux zézayaient leurs refrains, les fleurs ouvraient leur calice — celles qui en avaient...

Dans le haut de l'avenue, à droite, la place du château. C'est là que se tenait le Conseil des Cinq-Cents quand Bonaparte, trois jours avant d'être consul, le fit dissoudre. C'est là aussi que Napoléon jouait à La Vallière. Les parties de barres n'avaient pas toutes lieu à la Malmai-

son. Napoléon III aimait aussi à y venir l'été
durant. D'autres également — hélas! — y sont
venus : les Allemands! Et ce jour-là le château
avait vécu!...

Un tour de Parc, une promenade dans les
allées que nous quittâmes prestement à l'approche d'une lune de miel, une halte autour des
bassins, un verre de bière avec la Nature et en
route pour le logis. C'est à regret que nous nous
arrachâmes à ce site où tant de souvenirs prome-
naient leur spectre!...

C'était la deuxième journée de la Cavalcade des étudiants et la dernière des fêtes de Paris.

Je me dis que les joyeuses théories du Quartier Latin seraient à coup sûr plus artistiques que celles qui sillonnèrent les avenues, lors de la Mi-Carême. Et pour me réconcilier avec ces ambulantes exhibitions j'allai tenir un arbre boulevard Montparnasse.

J'ai vu la Cavalcade à l'horizon, précédée des hérauts d'armes, des trompettes de ville et des hommes de milice.

Avec eux sont passés le groupe des corporations et leurs chefs-d'œuvre. Puis les Etudiants. Le Roi des Fous monté sur son bidet — Bébé — que sa cour entourait.

La Seine eut son char et ses nymphes — du moins, je crois que c'en était...

Les sonneurs de trompe, les mariniers et les pêcheurs défilèrent avec l'importance qui leur seyait.

A propos des pêcheurs, une Dame Blanchot, du cortège, reçut dans l'épaule, boulevard de la Bastille, une balle de révolver. Ses grâces en furent cause. Un pêcheur, depuis la veille, l'avait prise dans son épervier et la disputait à son époux. N'y tenant plus, il résolut de l'emmener avec lui dans un monde meilleur. Et après lui avoir envoyé de quoi lui faciliter le voyage, il tourna son arme contre lui. En ce moment, il râle son dernier, et la belle pêcheuse, à l'hôpital Saint-Antoine, tâche de s'en tirer.

Les Étudiants auraient dû me placer cet être Béal, de nom — j'allais écrire Béal — sur le bidet que vous savez. Celui-là, du moins, aurait été à sa place...

Étienne Marcel, les Échevins, les Officiers de la Prévôté avaient conscience de ce qu'ils représentaient devant le char de la Musique...

Figurants et chevaux, richement affublés d'oripeaux moyenâgeux m'ont fait oublier la Cavalcade de la Mi-Carême. On a trouvé que c'était trop fin. De la part des Étudiants que pouvait-on attendre? Tout était dans la note. Et si ce drame passionnel n'était venu assombrir de vilaines couleurs la sérénité de la fête, je pourrais écrire ce soir : Joli! très joli!...

Les examens des Facultés Sacrées se sont ouverts aujourd'hui, à l'Institut, dans la salle de Théologie.

Docteurs, licenciés, bacheliers et aspirants s'y trouvaient réunis. Tous les cerveaux, avec une intellectuelle frénésie, se mirent en devoir d'élaborer les thèses proposées. La Philosophie se targuait! Elle faisait risette à la Théologie qui, consciente de sa primauté, se laissait aduler. Le Droit-Canon, lui, faisait le mort. Dès les premiers instants, le vieux « *Corpus Juris* » dans ses jaunâtres feuillets avait domicilié le nez de ses adeptes..

Et le beffroi des Carmes sonnait les quarts et les demies, pendant qu'en ce sacré Longchamps les plumes couraient le grand prix. Comme elles grignotaient le silence !...

Je me suis posé un moment... C'est alors que je vis voltiger — quelque part, je ne sais où — comme un essaim de toques et de bonnets. Sur les toques se détachaient ces mots : Droit-Canon; sur les bonnets je n'ai vu qu'un grand T. Comme j'ai cru qu'il s'agissait de Théologie, j'ai essayé d'en happer un au passage. Mais il était trop haut ou... j'étais trop petit. Peut-être qu'en grandissant...

Sur ce, j'ai repris ma plume...

A ceux de mes jeunes amis qui voudraient prendre leur essor vers la Faculté Théologique de Paris, je donne ces renseignements :

« L'examen de baccalauréat ou auditorat consiste en une double épreuve : une dissertation latine de .quatre heures sur un sujet de théologie dogmatique et un examen oral d'une heure.

« Le candidat à la licence ou doctorat doit, après une année d'assiduité aux cours, subir un examen qui comprend une épreuve écrite, à savoir, deux compositions dont la durée est de quatre à cinq heures, l'une sur la Théologie, l'autre sur l'Ecriture Sainte ou l'Histoire Ecclésiastique, et une épreuve orale d'une heure et demie, portant sur l'enseignement de l'année.

« Le doctorat ou maîtrise peut être conféré aux étudiants après une seconde année d'assiduité aux Cours; les épreuves orales et écrites sont les mêmes que celles de la licence, mais porte sur les matières enseignées pendant les deux années; de plus, chaque candidat devra remettre un travail personnel sur un sujet de Théologie, d'Ecriture Sainte ou d'Histoire Ecclésiastique, choisi par lui avec l'agrément des professeurs; cette dissertation sera l'objet d'une soutenance d'une heure au moins.

« Les candidats, munis de ce diplôme, pourront devenir « docteurs agrégés » de la Faculté moyennant les deux épreuves suivantes :

« 1° Subir un examen oral, de trois heures. Sur un certain nombre de propositions choisies par eux « *ex universa theologia* » ; 2° Soutenir une thèse de Théologie, d'Histoire Ecclésiastique ou d'Écriture Sainte. Ce travail, tout personnel, doit être imprimé, après avoir été soumis à l'approbation de la Faculté. La soutenance dure environ trois heures »...(de l'Annuaire de l'Institut de Paris 1898-99).

Il y a eu, ce soir, dans la salle des Fêtes, un « Punch d'Honneur et de fin d'année » offert par Mgr le Recteur à Messieurs les étudiants prêtres et laïques. J'en étais.

Nos jeunes gens nous ont récité quelques ballades qui n'avaient rien de méchant. Un torse bien serré dans sa redingote nous a conté ses aventures et nous a conseillé de faire quelquefois le coq, mais de ne jamais imiter l'âne — ce à quoi personne ne songeait. Un phonographe, très enrhumé du cerveau, nous a chanté, avec son nez, « la Marche Indienne », ce qui m'a rappelé les offertoires d'un certain organiste. Un jouvenceau nous a montré son menton de duvet pour nous narrer ce que faisaient et son père, et sa mère, et son frère, et sa sœur — ce qui n'a intéressé personne...

Enfin, le « punch » est venu. On s'est dit « au revoir » jusques à l'année prochaine. Je crains bien de manquer à l'appel...

. . . .

29 Juillet, Samedi.
Du château de « La Plaine » par Ganges (Hérault)
Pages oubliées...

C'est parmi les douceurs d'une villégiature
délicieuse que j'ai corrigé les épreuves de ce
« Journal » et que j'écris ces lignes — les dernières.

J'ai quitté Paris le 1ᵉʳ Juillet. A regret certainement...

Il y en avait de tous les pays, de ces ecclésiastiques que j'ai connus aux Carmes. Je voudrais
pouvoir les nommer tous ici pour leur dire à
chacun le souvenir que je garde de leur fréquence.
Je me suis mêlé à eux. Et je ne jetais pas — ils
s'en souviennent — la note la moins gaie dans
ces causeries du soir ou ces promenades du mercredi. Mais ils me l'ont pardonné, j'étais du
Midi !...

J'ai laissé aussi des Maîtres estimés. Je les
regrette tous, même le P. Gaudeau...

Et cette rive gauche qui est du côté du cœur !...

> « C'est la province avec sa vie étroite.
> On dort la nuit. Ni cercles, ni tripots.
> Le bouquineur y fouille dans la boîte ;
> Mainte fenêtre a des roses en pots... »

Le Paris chic est sur la rive droite. On y voit des boursiers, des Juifs et des cabots, dit encore Coppée. C'est là qu'on s'amuse et qu'on fait fortune...

Le Paris sérieux est sur la rive gauche. Les Facultés font voir qu'on y travaille, et les tours de Saint-Sulpice qu'on y prie.

Me voilà sevré de cette vie intellectuelle qu'on ne trouve qu'à Paris. Que de séances à la Sorbonne pour ouïr les Faguet, les Petit de Julleville !... Que de courses dans la capitale pour attraper quelques bribes des conférences de Doumic et de Lemaître !...

Quel tapage cérébral ! Comme dans les autres embarras de Paris :

« Dieu pour s'y faire ouïr tonnerait vainement »!...

Et le Sexe-Faible le dispute, en cela, au Sexe-Fort.

Partout, jeunes filles ou nobles dames en falbalas glanant chez les Doctes des notes et des impressions...

Qu'il est méchant le P. Auriault de dire que la femme ne peut pas être supérieure à l'homme dans les ouvrages de l'esprit ! qu'elle serait embarrassée de nous montrer, à travers les siècles, les produits de son intelligence !... Ah ! si elles le savaient, les de Sévigné, les de Staël et les

femmes-docteurs de notre époque!... Comme
elles lui en voudraient à ce Jésuite! Du coup,
les actions de la compagnie baisseraient!...

Adieu, mon petit bambin de Paris et son accent
frondeur...

A propos de l'accent, il me vient une histoire :
(*Au Cirque d'été, secondes de face. On joue
l'Oratorio de Pérosi.*)

ELLE. — Mòssieu vous êtes de *Pariss?*

LUI. — Non, Madame, je suis du Midi.

ELLE. — Ça se *voɗ!*... (Echo de Sᵗ-Flour.)

LUI. — Et vous, Madame, vous êtes de Paris?

ELLE. — *Voui.*

LUI. — Eh bien! j'en doutais. Ça se voit si
peu!...

« Lui » c'était moi. Un coup de trompette —
le Christ qui ressuscitait — vint arrêter là notre
conversation...

Adieu aussi belle musique, belle musique
adieu!...

Les concerts Lamoureux ne charmeront plus
mes oreilles!

Je ne verrai plus de longtemps cette Salle des
Fêtes de « l'Hôtel Continental » où le 28 avril,
au milieu des gens « de la huppe », j'assistai à
une matinée sélecte.

Dans la première partie — je m'en souviens —
nous avons applaudi l'orchestre de Danbé, direc-

teur des concerts classiques. C'était dans l'interprétation de la « *Grotte de Fingal* », de Mendelssohn, dans les chœurs d'Esther de Moreau et les fragments d'« *Iphigénie en Aulide* » de Gluck. J'entends encore M. Daraux nous chanter l'« *Air d'Agamemnom* », cet air avec lequel, a dit quelqu'un, on fonderait une religion.

L'ouverture d'« *Iphigénie en Aulide* », si célèbre dans le monde artistique, avec l'« *Armide de Quinault* » qui a fourni à Gluck l'occasion d'écrire un chef-d'œuvre de plus, ont fait l'objet de la deuxième partie.

Un intermède a été rempli par la VIe Sonate de Bach, pour violine-solo, que nous a modulée Jacques Thibaud. En l'écoutant on saisissait le mot de Schubert : « La Musique doit à Bach ce qu'une religion doit à son fondateur! »

Et les Widor, les Saint-Saëns et tous les organistes d'agréable et de longue mémoire adieu, adieu aussi!...

Plus de Messes magistrales à Saint-Sulpice, exécutées par la meilleure des Maîtrises. Un essaim d'enfants bourdonnant avec la *Schola Cantorum* du Séminaire Saint-Sulpice : plus de cent-cinquante exécutants!... Le tout orchestrement accompagné, quand encore le grand orgue de M. Widor ne vient pas — comme le jour de Pâques dans la Messe de Saint-Saëns — mêler ses flots d'harmonie aux ondes qui partent de l'Autel!...

Je n'ai entendu de comparable à cette musique
que la Messe de Mozart, chantée par la Maîtrise de Bourges, avec ses quatre-vingts musi-
ciens à l'orchestre, lors du Sacre de Mgr Béguinot,
évêque de Nimes...

Ami lecteur, voilà mes impressions.

*« A son âge, critiquer de la sorte, diront les
malins ou les méchants !.. Voilà bien les jouven-
ceaux !.. Qu'il apprenne à écrire et à penser !.. »
De grâce, calmez-vous. C'est hanté par ce souci
que j'ai fait ce travail.*

*« L'esprit critique, a dit Sainte-Beuve, est une
grande et limpide rivière qui serpente et se déroule
autour des œuvres comme autour des rochers, des
forteresses, des côteaux tapissés de vignobles et
des vallées touffues... qui va de l'un à l'autre, les
embrasse d'une eau vive, les réfléchit, les baigne
sans les déchirer... »*

*Je sais bien que ma rivière n'est ni grande ni
limpide. C'est tout juste un ruisselet qui va filtrant ses eaux. S'il se donne, en passant, des
allures de torrent parce qu'il a sauté deux pierres
à la fois, n'arrêtez pas son cours, ô vous, qui êtes
des Géants !...*

*Bref, je suis encore trop inoffensif pour avoir
fait du mal à quelqu'un. Cependant, si c'était ?..
Eh bien ! pardonnez-moi, je ne le ferai plus...*

FIN

TABLE